Dieter Schicker · Rudolf Sack – Zanderangeln

Dieter Schicker · Rudolf Sack

Zanderangeln

Expertentips für den Fang
in Fluß, See und Kanal

Mit 214 Einzeldarstellungen in 83 Abbildungen,
davon 10 Fotos

Paul Parey · Hamburg und Berlin

CIP-Kurztitelaufnahme der Deutschen Bibliothek

Schicker, Dieter:
Zanderangeln : Expertentips für d. Fang in Fluss,
See u. Kanal / Dieter Schicker ; Rudolf Sack. –
Hamburg ; Berlin : Parey, 1984.
  (Ein Fisch-und-Fang-Ratgeber)
  ISBN 3-490-42614-2
NE: Sack, Rudolf:

Zeichnungen und Fotos von Dieter Schicker

ISBN 3-490-42614-2

Inhalt

Einleitung

Als ich kurz nach dem letzten Krieg in der Ems meinen ersten Zander fing, erregte das noch Aufsehen. Inzwischen kommen Zander in immer größeren Mengen vor, und selbst Gewässer, in denen diese Fischart von Natur aus nicht heimisch war, beherbergen jetzt durch jahrelange Besatzmaßnahmen mehr oder weniger starke Bestände.

Zander gibt es inzwischen also genug, dennoch ist ihr Fang noch längst nicht jedem Angler geläufig. Und die Experten lassen sich oft nur ungern auf die Finger sehen. Jedenfalls ist diese Meinung unter Anglern weit verbreitet, weil man sich kaum vorstellen kann, daß es auch Ausnahmen geben könnte. Die Skepsis vieler Angler gegenüber Angellehrbüchern hat hier sicher ihre Ursache. Wie oft habe ich selbst nicht schon in Gesprächen die mehr oder weniger versteckt angebrachte Äußerung anhören müssen: „Du wirst in deinen Büchern bestimmt nicht alle Tricks verraten!"

Daß nicht alle Angler so denken, beweisen die ständig steigenden Auflagenziffern meiner Bücher und die vielen Briefe, in denen mir berichtet wird, daß nach dem Lesen der Bücher die Angelerfolge gestiegen seien.

Die Idee zu diesem Buch über den Zanderfang kam von Dieter Schicker, einem wegen seiner Fangerfolge weitbekannten Angler. Seine Spezialratgeber ‚Aalangeln', ‚Barschangeln', ‚Dorschangeln' und ‚Winterangeln' sind von den Praktikern sehr gut aufgenommen worden. Er ist ein alter Hase und kennt jeden Trick. Viele Anregungen sowie sämtliche Zeichnungen und Photos in diesem Buch stammen von ihm.

So wird der Anfänger in diesem Buch mit Sicherheit die richtige Starthilfe finden und der Experte erstaunt sein, wie viele Möglichkeiten und Methoden, Köder und Ködermontagen es ihm erlauben, mit den besten Erfolgsaussichten auf Zander zu angeln.

Die Zahl der Angler an unseren Gewässern steigt auch weiter stetig an. In gleichem Maße mehren sich die kritischen Stimmen derer, die unsere mit viel Mühe und großem finanziellen Einsatz optimal hergerichteten Gewässer ausschließlich ihren eigenen Interessen zuordnen möchten. Diese Gruppen vergessen zu leicht, daß es gerade die Angler sind, die mit ihrer Fürsorge die ihnen anvertrauten Gewässer davor bewahren, daß auch dort alles Leben abstirbt und damit jeglicher Erholungswert vernichtet wird.

Es liegt allerdings wohl auch ein wenig an den Anglern selbst, wenn sie zunehmend zur Zielscheibe unqualifizierter Angriffe werden. So störend nämlich, wie ein See voller Surfer ist, so störend kann sich auch eine anglerische Großveranstaltung am Gewässer auswirken. Nichtangelnde Zuschauer bringen zudem selten Verständnis für bestimmte Angelmethoden auf, bei denen es, wie in diesem Buch, um den Fang von Raubfischen mit lebendem Köder geht. Zurückhaltung ist deshalb in jeder Beziehung angebracht.

In der Vorstellungswelt von Nichtanglern treten Angler gemeinhin nicht in Scharen auf, sondern werden wohl eher als leicht verschrobene Individualisten eingestuft, die versponnen und fast unsichtbar im dichten Schilfwald sitzen und auf ihre Pose starren. Diesen Eindruck sollten wir Angler zu erhalten suchen, zumal er von der Wirklichkeit nicht allzuweit entfernt ist.

Der Einzelangler stört weder seine Umwelt noch einen Vogel in seinem Nest. Wie oft schon konnte ich z. B. einen Eisvogel beobachten, der meine Angelrute als Standplatz für seine Beutezüge ausgewählt hatte.

Nun aber zurück zum eigentlichen Zweck dieses Buches, das in aller Ausführlichkeit den Fang von Zandern beschreibt. Wer hierbei Erfolg haben will, muß sich schon ein wenig mit diesem schönen Fisch beschäftigen, muß dessen Verhaltensweisen erforschen und dabei manchmal auch ausgetretene Pfade verlassen.

In bunter Reihe werden Köder, Ködermontagen, Angelmethoden und manches darüber hinaus Wissenswerte beschrieben und mit vielen Zeichnungen so dargestellt, daß sich alles leicht nachvollziehen läßt.

Allen Besitzern dieses Buches viel Freude beim Lesen und natürlich viel ‚Petri Heil‘ am Wasser.

Herbst 1984   Rudolf Sack

Wir kommen zur Sache

Haken und Knoten

Beim Zanderangeln verwendet man vorwiegend einfache Rundstahlhaken und verzichtet auf die Bestückung mit Drillingen, weil das Zandermaul einem Köderfisch mit Drilling nur ungenügend Platz bietet. Dennoch sind schon viele Zander an der drillingbestückten Angel gefangen worden, meistens beim Angeln auf tiefstehende Großhechte.

Rundstahlhaken mit nicht zu langem Schenkel, mit gerader oder bevorzugt auch geschränkter Spitze und nach innen gestelltem Hakenör werden gern verwendet.

Wie Abb. 1 a zeigt, wird die Schnur grundsätzlich durch die Öse geschlauft und mit mindestens 4–6 Windungen auf dem Hakenschaft mit einem Clinchknoten befestigt. Hakenschaft und

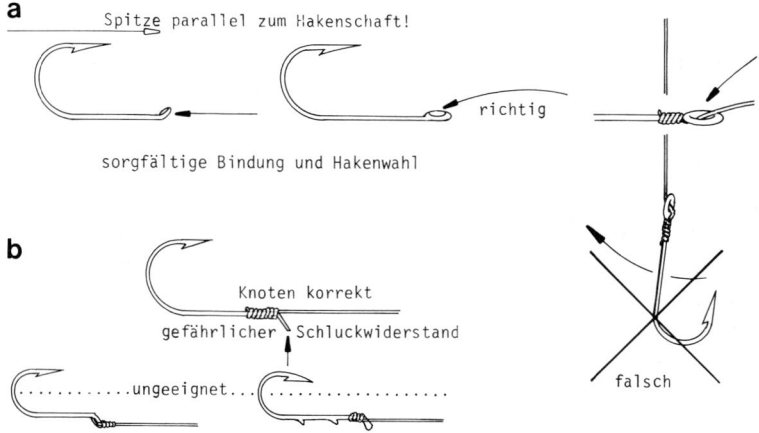

Abb. 1. Richtige Hakenbindungen. a: Ösenhaken; b: Plättchenhaken

Schnur müssen danach eine Gerade bilden, ohne daß die Schnur an der Öse einen Knick bildet.

Wird ein beim Zanderangeln weniger beliebter Plättchenhaken benutzt, muß er so angebunden werden, daß die Schnur bei scharfem Zug im Drill nicht über die scharfe Kante des Plättchens scheuern kann und dadurch im entscheidenden Moment reißt. Abb. 1 b zeigt den Sachverhalt genau.

Es kann wegen der scharfen Zanderaugen durchaus nützlich sein, für dunkle Köderfische dunkle und für helle Köderfische auch helle Haken zu benutzen.

Zanderhaken sollen also aus Rund- oder Flachstahl, kräftig und scharf, dazu farblich angepaßt sein. Zander haben ein hartes und knorpeliges Maul. Viele Zander gehen beim Drill nur deshalb verloren, weil solchen ‚Nebensächlichkeiten' nicht genügend Beachtung geschenkt wurde.

Haken mit geschränkter Spitze

Bei Verwendung von Haken mit geschränkter Spitze ist eine besonders aufmerksame Anköderung zu empfehlen, damit die Hakenspitze nach dem Anschlag in das Zandermaul und nicht in den Körper des Köderfischchens dringt.

Wie die Abb. 2 a, b und c zeigen, muß bei Haken mit geschränkter Spitze so angeködert werden, daß die Hakenspitze nicht zum Fisch zeigt. Dies gilt natürlich auch beim Anködern hinter der Afterflosse mit zusätzlicher Sicherung durch Schwanzbindung, wie man sie bei Weitwürfen oft anwendet.

Durch Nichtbeachten dieser Regel sind schon viele Zander kurz vor dem Keschern wieder abgekommen. Saß dann der Köderfisch noch am Haken, konnte man meistens den Grund dafür erkennen, denn die Hakenspitze hatte sich in den Körper des Köderfischchens gedrückt, statt im Maul des Zanders den nötigen Halt zu finden.

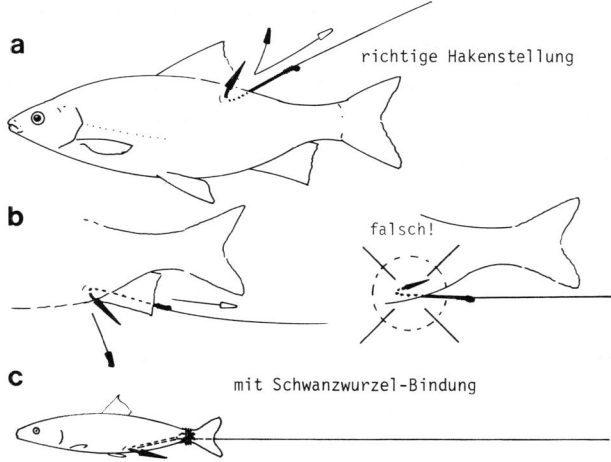

Abb. 2. Haken mit geschränkter Spitze. a: Richtige Hakenstellung am Rücken; b: Richtige Hakenstellung an der Afterflosse; c: Mit Schwanzwurzelbindung

Probleme der Nasenköderung

Bei der Anköderung des Köderfisches durch das Nasenloch muß man sich einmal genau überlegen, was mit der Hakenspitze passiert, falls ein Zander angebissen hat.

Schluckt er anschließend den Köderfisch mit dem Kopf voran, was durchaus nicht immer der Fall ist, dann kippt der Haken nach hinten um, wie Abb. 3 deutlich zeigt, und der anschließende An-

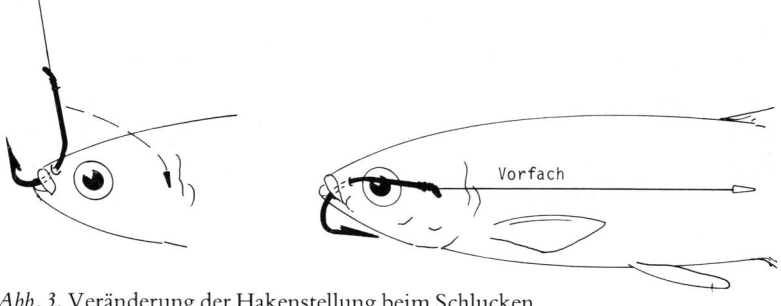

Abb. 3. Veränderung der Hakenstellung beim Schlucken

13

hieb treibt die Hakenspitze statt ins Maul des Zanders in den Kopf des Köderfisches. Ein weiterer Nachteil der in Abb. 3 gezeigten Anköderungsart besteht darin, daß der Köderfisch sich leicht vom Haken befreien kann. Wie die Abb. 4a und 4b zeigen, kann der Haken auch durch das Nasenloch zurückgleiten.

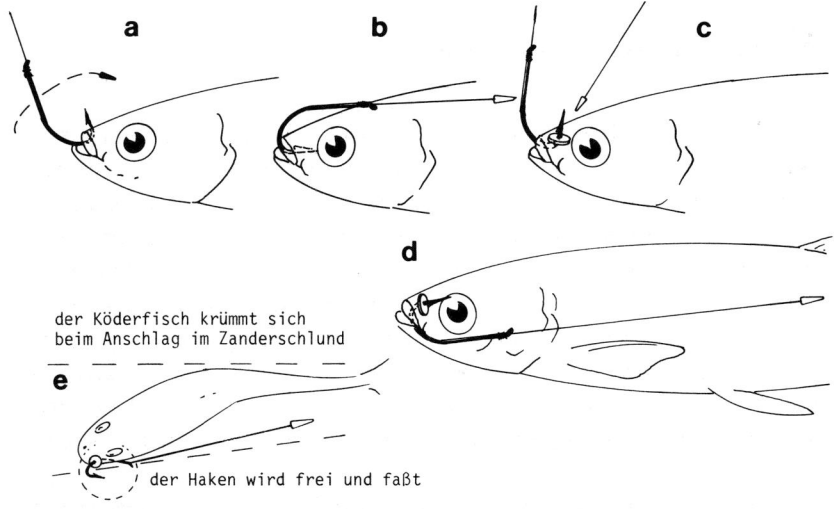

der Köderfisch krümmt sich
beim Anschlag im Zanderschlund

der Haken wird frei und faßt

Abb. 4. Die Nasenköderung. a und b: Haken kann zurückgleiten; c: Sicherung mit Gummiplättchen; d und e: Köderfisch kann sich nicht befreien

Eine bessere Anköderungsart zeigt Abb. 4c. Die Hakenspitze wird jetzt vom Maul her durchs Nasenloch nach außen geführt und dort durch ein kleines Gummiplättchen gesichert, das man von der Spitze her bis hinter den Widerhaken drückt. Jetzt kann der Köderfisch sich weder befreien, noch kann sich die Hakenspitze in seinen Körper drücken, wie die Abb. 4d und 4e beweisen.

Es sind manchmal eben nur die kleinen ‚Nebensächlichkeiten‘, die beim Angeln, und hier speziell beim Zanderangeln, über Erfolg oder Mißerfolg entscheiden.

Ohne Bleibeschwerung geht es manchmal nicht

Verschiedene ‚Zanderbleie'

Zanderangler müssen flexibel sein und sich den jeweiligen Gewässerbedingungen anpassen. Folglich gehört zur Ausrüstung unbedingt eine Sammlung verschiedener Bleigewichte, denen allerdings eines gemeinsam ist: Sie müssen eine Öse besitzen, durch die hindurch die Schnur widerstandslos laufen kann. Eine Zusammenstellung der verschiedenen Bleigewichte zum Zanderfang zeigt Abb. 5. Auf dieser Abbildung sieht man auch, daß zwei der gezeigten Bleigewichte keine Öse besitzen, und zwar die Bleibeschwerung für die Stellfisch- oder Posenangel in Form einer durchlochten Bleikugel und das sogenannte Rollblei für das Fischen in Fließgewässern.

Ein hervorragendes Stehaufblei für den Zanderfang liefert die Firma DAM. Durch den Auftrieb des Oberteiles sinkt das Blei auch bei weichem Grund nur geringfügig ein. Es wird in den Gewichtsklassen 5, 10, 25 und 50 g geliefert und sollte eigentlich in keiner Ausrüstung fehlen.

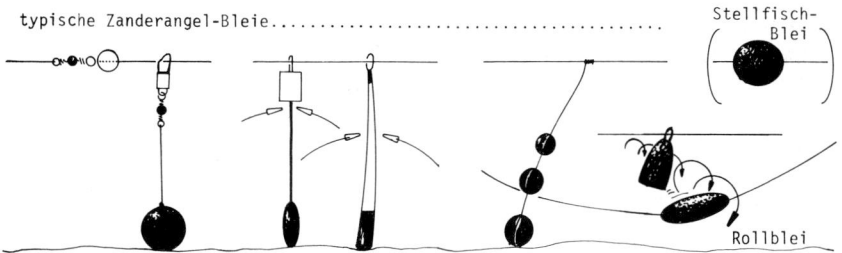

Abb. 5. Unterschiedliche Bleibeschwerungen

Das Blei kann nach der Montage sehr leicht gewechselt werden, falls es die Situation erfordert. Die Schnur muß lediglich durch den Schwimmkörper gesteckt, danach im Führungsstift eingehängt werden und wird dann zusammen mit diesem zurückgezogen.

Die flexible Öse dieses Gerätes dreht sich selbst bei leichtestem Zug immer in Richtung des abziehenden Fisches. Die Schnur kann also immer widerstandslos durch die Öse laufen. Dennoch ist es empfehlenswert, zwischen Öse und Vorfachwirbel eine kleine Perle anzubringen, um beim Einwurf das Überschlagen des Vorfaches in die Hauptschnur zu vermeiden. Ein Patentrezept gegen dieses Überschlagen gibt es jedoch nicht.

Unterschiedliche Seitenbleimontage

Wie schon im vorangehenden Kapitel angedeutet, bringt den Angler das Überschlagen des Vorfaches in die Hauptschnur oft zur Verzweiflung. Eine bewährte Seitenbleimontage zeigt Abb. 6a. Deutlich sieht man hier die Perle zwischen der Wirbelöse des Seiten-

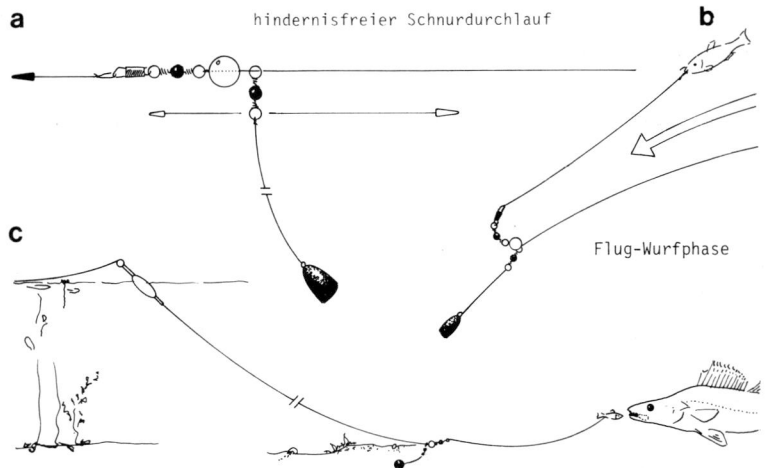

Abb. 6. Seitenbleimontage. a: Seitenbleivorfach durch Perle gestoppt; b: Einwurfphase mit Seitenblei; c: Zusätzliche Pose beim Grundangeln

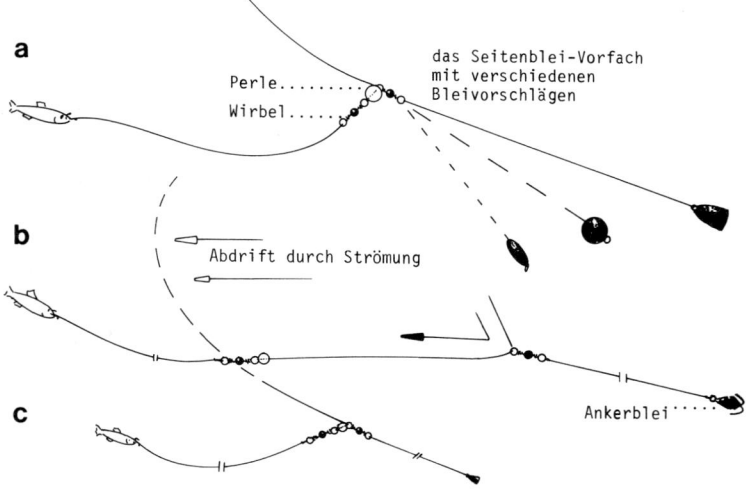

Abb. 7. Seitenbleivorfachmontage. a: Mit unterschiedlichen Bleigewichten; b: Mit Ankerblei; c: Köderfisch am Seitenvorfach

bleies und dem Karabinerhaken an der Hauptschnur. Wie die Angelegenheit beim Einwurf aussieht, zeigt Abb. 6 b.

Obwohl die Seitenbleimontage überwiegend beim Grundfischen ohne Pose zu benutzen ist, wird gelegentlich, wie Abb. 6 c zeigt, auch noch zusätzlich eine Pose, die die Schnur hochhält, verwendet.

Für das Angeln mit der Seitenbleimontage im Fließwasser gibt es verschiedene Techniken. So kann man, wie auf Abb. 7 b dargestellt, z. B. ein Ankerblei als Seitenblei montieren. Nach dem Einwurf bleibt das Blei wegen seiner Krallen fest am Boden liegen. Durch ständiges Schnurgeben kann man nun den Köderfisch in Grundnähe abtreiben lassen. Allerdings bildet sich hierbei leicht ein Schnurbauch. Deshalb empfiehlt sich eine Montage nach Abb. 7 c, weil hier der Köderfisch am Vorfach auf der Hauptschnur gleiten kann und der Anhieb trotz des Schnurbauches unmittelbare Wirkung zeigt.

Je nach Strömung, Wassertiefe und Untergrundbeschaffenheit benötigt man verschieden geformte Bleie zur Seitenbleimontage. Eine Auswahl zeigt Abb. 7 a.

Beim Angeln in tiefen Fließgewässern mit starker Strömung gelingt es manchmal nicht, den Köderfisch vom verankerten Blei aus abtreiben zu lassen, weil der Wasserdruck auf die Schnur größer ist als der Widerstand des Köderfisches am Vorfach. Durch Anbringen einer entsprechend großen Styroporkugel auf der Hauptschnur erhöht sich der Widerstand im letzten Teil der Schnur, so daß der Wasserdruck auf den Schnurbauch ausgeglichen wird und der Köderfisch mit der Strömung langsam flußabwärts wandern kann. Abb. 8a zeigt genau, wo die Styroporkugel montiert werden muß. Zusätzlich kann man durch entsprechende Rutenstellung noch verhindern, daß zuviel Schnur im Wasser liegt, und dadurch den Wasserdruck auf den Schnurbauch verringern. Die Abb. 8b und 8c zeigen die Handhabung der Rute beim Fischen vom Land und vom Boot aus.

Wer auf seine geliebte Pose nicht verzichten will, der sollte vom oberen Stopper für die Pose bis zur Styroporkugel eine Schnur-

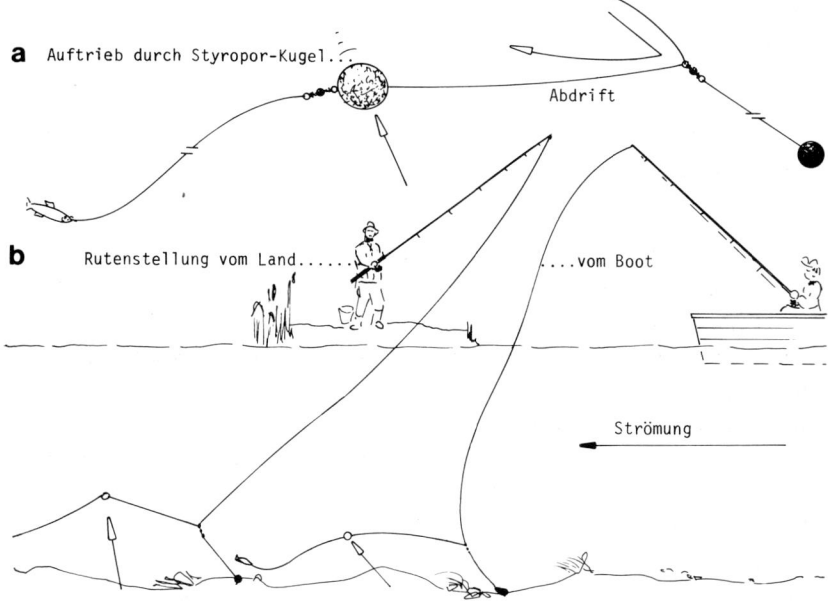

Abb. 8. Schwimmkörper auf der Schnur. a: Strömung nimmt Schwimmkörper und Köder mit; b: Angeln vom Ufer und vom Boot

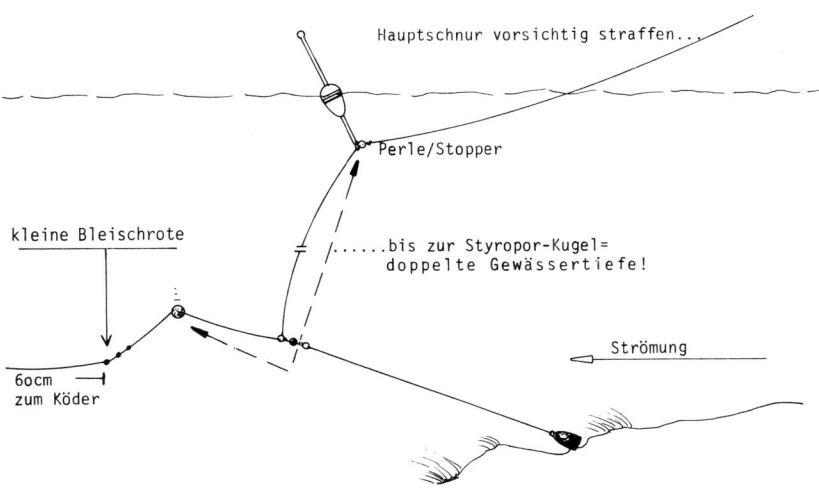

Abb. 9. Seitenbleimontage mit Pose

länge wählen, die der doppelten Wassertiefe am Angelplatz entspricht, damit der Köderfisch viel Bewegungsfreiraum erhält, wie Abb. 9 zeigt.

Das Stehaufmännchen

Obwohl Zander sich meistens über sandigem, sauberem Untergrund aufhalten, gibt es doch Fälle, wo man ihnen mit herkömmlichen Methoden nicht beikommen kann. Dies kann z. B. dann der Fall sein, wenn der Zanderfangplatz Bewuchs aufweist oder große Steine am Boden liegen, unter denen sich der eingeworfene Köderfisch verstecken kann. Der einzige ‚Erfolg‘ besteht in diesen Fällen in einem kräftigen Hänger, der nicht nur den Köderfisch, sondern meistens auch noch Bleimontage, Haken und etliche Meter teure Schnur kostet.

Man kann in solchen Fällen ein sogenanntes Tiroler Hölzl benutzen oder sich mit geringen Mitteln ein Stehaufmännchen basteln. Dazu nimmt man einen Korken oder auch ein bauchig geformtes Posenteil und hängt zunächst ein Bleigewicht daran. In

19

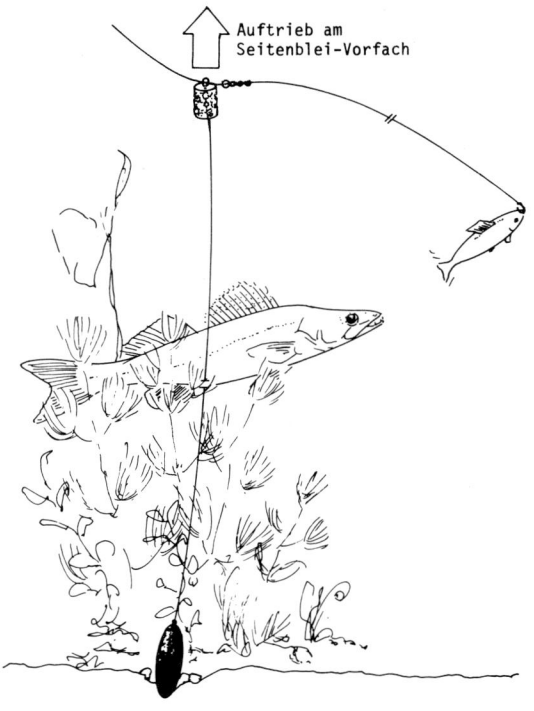

Auftrieb am
Seitenblei-Vorfach

Abb. 10. Auftriebskörper am Seitenbleivorfach verhindert Absinken des Köderfisches ins Kraut

einem gefüllten Wassereimer beobachtet man nun die Reaktion. Das Bleigewicht darf den Schwimmkörper auf jeden Fall zunächst nicht unter Wasser ziehen. Danach schneidet man vom Schwimmkörper so lange Material ab, bis ein nur noch sehr geringer Restauftrieb das Bleigewicht langsam absinken läßt. Anschließend werden Blei und Schwimmkörper mit einer etwa 50 cm langen Schnur fest verbunden. Der Schwimmkörper erhält außerdem noch eine Drahtöse, damit man das Ganze auf die Hauptschnur bringen kann, wie es Abb. 10 zeigt.

Das Vorfach zwischen Haken und Wirbel darf natürlich nicht so lang sein, daß der Köderfisch nach dem Einwurf den Boden erreichen und sich dort verkrümeln kann.

Vorfachmontagen

Gleit- oder Wandervorfach

Bei extrem weiten Wurfentfernungen, die sowohl in stehenden als auch in fließenden Gewässern gelegentlich erforderlich sind, ist es oft nicht mehr möglich, den durch Hakenköderung befestigten Köderfisch unbeschadet ans Ziel zu bringen. Wer kennt nicht dieses Bild, wenn das Bleigewicht nach links, der Köderfisch aber weitab nach rechts ins Wasser plumpst.

Für solche extremen Weitwürfe kann man u. a. das sogenannte Gleit- oder Wandervorfach benutzen. Es besteht im wesentlichen aus einem im Selbstbau speziell angefertigten Vorfach, das mit Hilfe eines Karabinerhakens nach dem Einwurf auf die Hauptschnur gebracht wird und durch einen darauf montierten Stopper aus Ventilgummi und Perle in die vorgesehene Angeltiefe abgleiten kann. Im Radius der Vorfachlänge kann der Köderfisch nun um die Hauptschnur herumschwimmen.

Da das Vorfach keine große Gewichtsbelastung darstellt, kann der Köderfisch auf der Hauptschnur auch nach oben streben, was durchaus von Nutzen sein kann. Der besondere Vorteil dieser Methode liegt darin, daß der Köderfisch dem Zander quicklebendig vorgeführt werden kann, weil er nicht durch den beim Einwurf üblichen Aufprall auf die Wasseroberfläche geschwächt oder betäubt ins Wasser gelangt.

Das Vorfach muß bei der geschilderten Methode etwas länger als sonst üblich sein, damit der Zander bei einem Anbiß nicht sofort den Widerstand der Hauptschnur spürt. Sonst kann es passieren, daß der Köder wieder losgelassen und der freigekommene Fisch nur noch von den kaum wiederzugebenden Flüchen des Anglers verfolgt wird.

Es ist ratsam, bei einem durch Reaktionen der Rutenspitze ange-

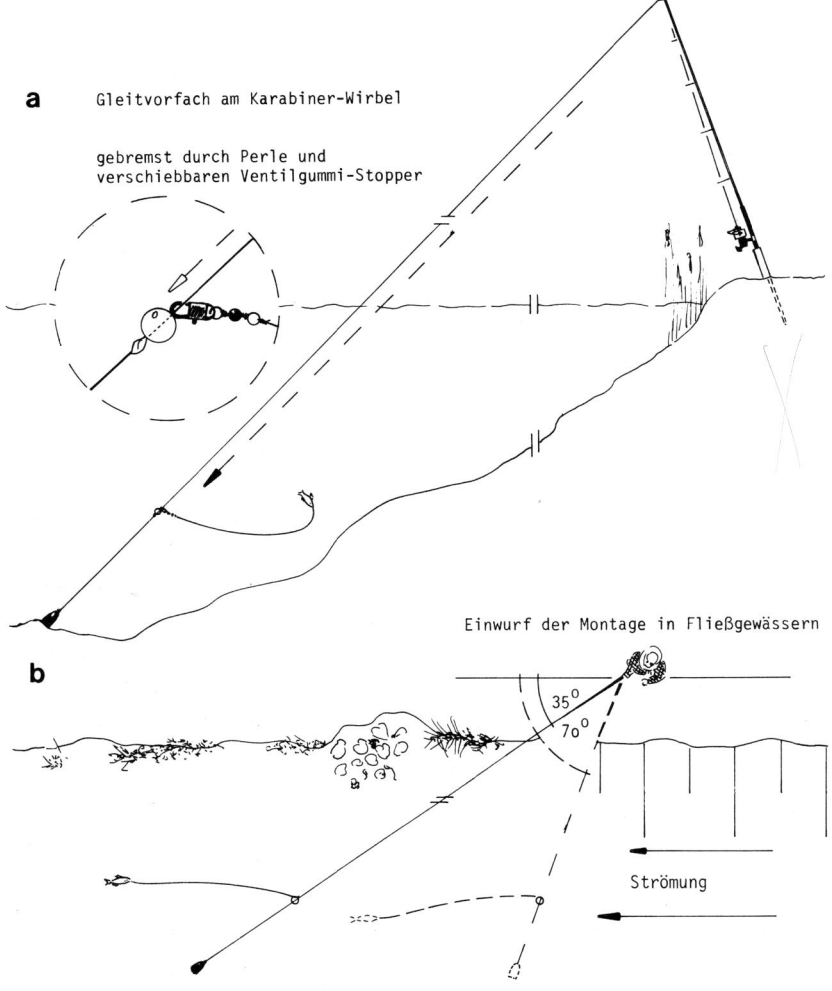

a Gleitvorfach am Karabiner-Wirbel

gebremst durch Perle und
verschiebbaren Ventilgummi-Stopper

Einwurf der Montage in Fließgewässern

b

35^0
$7o^0$

Strömung

Abb. 11. Gleitvorfach ohne zusätzliche Beschwerung. a: Stopper aus Perle und
Ventilgummi; b: Gleitvorfach im Fließwasser

zeigten Biß sofort die Schnur freizugeben, damit das Vorfach mehr
Spielraum erhält. Wie die Methode mit Wander- oder Gleitvorfach
angewendet wird, zeigt Abb. 11 a.

War die eben genannte und beschriebene Methode besonders
für stehende Gewässer geeignet, so läßt sich damit ohne weiteres

22

auch in Fließgewässern angeln, wenn man je nach Stärke der Strömung in einem Winkel von etwa 35–70 Grad zur Uferkante einwirft, wie Abb. 11 b zeigt. Der Köderfisch wird sich wegen der vorhandenen Strömung natürlich mehr oder weniger nahe der Stopperperle aufhalten.

Da Fische in Fließgewässern wesentlich kräftiger anbeißen und nicht so zimperlich sind wie im Ruhigwasser, kann man mit gestraffter Leine fischen und zur Bißbeobachtung die Rutenspitze verwenden. Man gibt erst Schnur, wenn ein Anbiß deutlich zu erkennen ist. Wichtig ist in diesem Falle ein besonders langes Vorfach, wobei der Köderfisch mit Nasenköderung befestigt wird. Diese Köderungsart ist im Fließgewässer immer angebracht, damit der Fisch in der Strömung natürlich schwimmen kann.

Die Rutenlänge sollte zwischen 3 und 4 m liegen. Nach dem Einwurf steckt man dann die Rute so in einen Rutenhalter, daß die Spitze schräg nach oben zeigt und sich etwa in Augenhöhe befindet, wenn der Angler an der Rute sitzt. Dadurch kann er die Rutenspitze gut beobachten, ohne nach dem Angeln wie ein ‚Hans-guck-in-die-Welt‘ durch die Gegend laufen zu müssen. Wenn bei dieser Methode die Hauptschnur nicht steil genug von der Rutenspitze zum Gewässerboden läuft und der angeköderte Fisch daher nicht zum Gewässerboden gleiten kann, muß man am Gleitvorfach ein zusätzliches Gewicht anbringen, wie es Abb. 12 zeigt. Auch hier

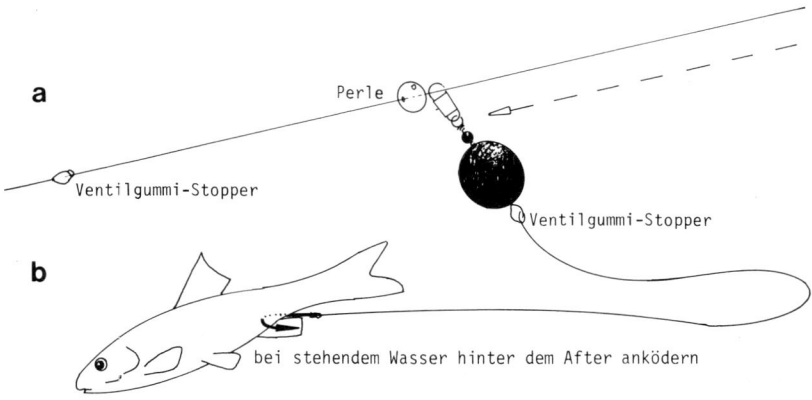

Abb. 12. Gleit- und Wandervorfach mit zusätzlicher Beschwerung

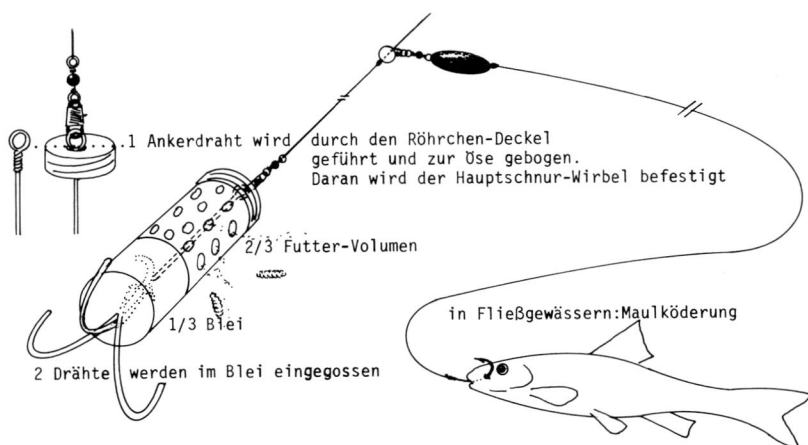

1 Ankerdraht wird durch den Röhrchen-Deckel
geführt und zur Öse gebogen.
Daran wird der Hauptschnur-Wirbel befestigt

2/3 Futter-Volumen

1/3 Blei

in Fließgewässern:Maulköderung

2 Drähte werden im Blei eingegossen

Abb. 13. Herstellung eines Futterröhrchens

bringen wir vor dem Karabinerhaken des Vorfaches wieder eine
Perle auf die Hauptschnur, damit das Vorfach nicht über den Ventilgummistopper auf der Schnur hinausrutschen kann.

Damit der Köderfisch möglichst ungehindert mit dem Vorfach
umherschwimmen kann, ködern wir ihn hinter der Afterflosse an.
Aus naheliegenden Gründen muß das Wurf- bzw. Endblei so beschaffen sein, daß es fest am Boden liegenbleibt. Ein sogenanntes
Ankerblei, wie in Abb. 7b bereits gezeigt, ist hierbei sehr von Nutzen. Beachten muß man bei der Verwendung von Ankerbleien aber
immer, daß sich die Ankerdrähte sehr leicht verbiegen lassen, sie
also aus Weichdraht bestehen, sonst ist bei Hängern der Verlust
von Haken, Blei, vielen Metern der Hauptschnur und nicht zuletzt
des Köderfisches die unausbleibliche Folge. Jeder Angler weiß es
und hat es oft schon selbst erfahren müssen: Hat man wirklich einmal einen Hänger, der zum Totalverlust führt, dann hing am
Haken bestimmt auch der letzte Köderfisch.

Gleitvorfach und Ankerblei lassen sich mit einfachen Mitteln zu
einem Anfütterungsgerät für Zanderbeutefische erweitern. Ein mit
Löchern (Madendurchmesser) versehenes Tablettenröhrchen wird
zu etwa einem Drittel mit Blei gefüllt, in das man gleichzeitig drei
Ankerdrähte mit eingießt. Nach der Montage gemäß Abb. 13 wird
das Röhrchen anschließend mit einer Mischung aus Paniermehl

und Maden gefüllt und nach dem Einwurf die ganze Angelegenheit mit Hilfe der Rolle strammgezogen. Erst jetzt kommt der Köderfisch mit dem Gleitvorfach auf die Hauptschnur und kann nun zum Grund hinabrutschen. Dort warten hoffentlich schon etliche Zander, die von den inzwischen am Tablettenröhrchen versammelten Friedfischen angezogen wurden. Auf Abb. 13 sieht man die Sache aus der Perspektive der Zander.

Gebremste Seilbahn

Natürlich gibt es immer wieder Angler, denen es zu umständlich ist, das Gleitvorfach erst nach dem Einwurf zu montieren. Auch ihnen kann geholfen werden, wobei ein kleines Stückchen Würfelzucker die Hauptrolle übernimmt und den Bremser spielt. Wirft man nämlich das bereits auf der Hauptschnur montierte Gleitvorfach zusammen mit dem Endblei ein, dann wird der Köderfisch samt Vorfach auf der Schnur zurück in Richtung Angler gleiten und anschließend irgendwo ins Wasser plumpsen, statt unten am Grund in der Nähe des Bleigewichtes seine Kreise zu drehen.

Wie Abb. 14 zeigt, löst man dieses Problem durch Einschlingen eines Stückchens Würfelzucker in die Hauptschnur. Der beste Platz

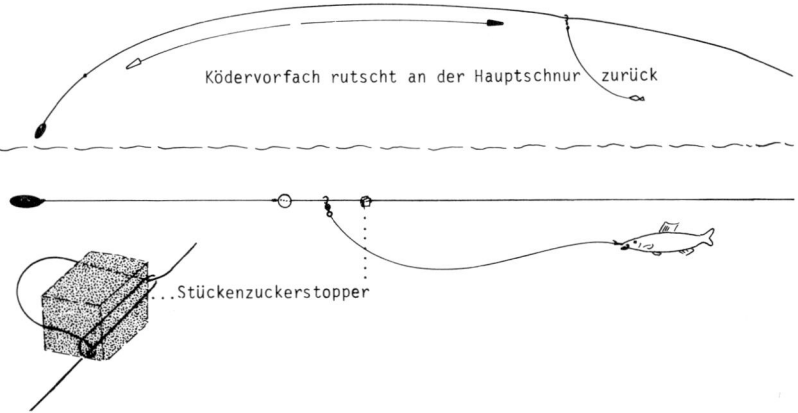

Abb. 14. Zuckerstück als Stopper

dafür findet sich etwa 20 cm oberhalb der Stopperperle. Nachdem der Zucker seine Aufgabe erfüllt hat, löst er sich auf und gibt dem Köderfisch am Gleitvorfach die Bewegungsfreiheit zurück.

Geleichtertes Vorfach

Köderfische haben leider die unangenehme Eigenschaft, sich nach dem Einwurf am Gewässerboden zu verstecken. Natürlich wissen sie genau, weshalb sie das tun. Besonders Gründlinge und Kaulbarsche finden jeden Stein am Grund, unter dem sie sich verkrümeln können. Montiert man auf das Vorfach ein kleines Stückchen Kork, Styropor oder gar eine kleine Wasserkugel, dann hat man nicht nur ein zusätzliches Wurfgewicht, sondern zugleich auch die Möglichkeit, dem Köderfisch diese Unart abzugewöhnen. Wie Abb. 15 a zeigt, montiert man den Auftriebskörper etwa ein Drittel der Vorfachlänge hinter dem Köderfisch.

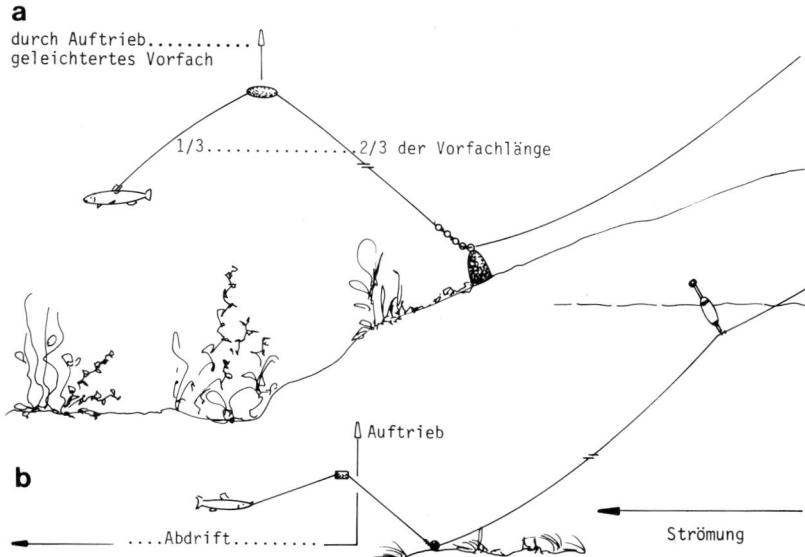

a
durch Auftrieb.......... ◊
geleichtertes Vorfach

1/3.............2/3 der Vorfachlänge

◊ Auftrieb

b

....Abdrift........ Strömung

Abb. 15. Der geleichterte Köderfisch. a: Auftriebskörper auf dem Vorfach; b: In der Strömung wird ein größerer Auftriebskörper benötigt

Natürlich kann man diese Angeltechnik auch im Fließwasser anwenden, wie aus Abb. 15b zu ersehen ist. Durch den Auftriebskörper am Vorfach wird der Köderfisch nach dem Einwurf sehr bald in der fanggünstigsten Stellung zur Ruhe kommen. Es ist von Vorteil, durch gelegentliches Anheben der Rute dem Köderfisch von Zeit zu Zeit eine neue Position zu geben. Das gilt besonders nach längeren Beißpausen.

Gleit- und Krautvorfach

Zu ihrer Laichzeit im Frühjahr halten sich die Zander bevorzugt in oder über den heranwachsenden Krautbeeten auf. Aber auch noch Wochen nach dem eigentlichen Laichgeschäft findet man sie hier, weil auch die ausschlüpfende Brut von ihnen bewacht wird. Es lohnt sich also, nach der mehr oder weniger langen Schonzeit in den einzelnen Gewässern zunächst diese Plätze aufzusuchen, bevor die Zander wieder ihre eigentlichen Jagdgründe ansteuern.

Eine einträgliche Methode für die hier notwendige Angelei über den Krautbeeten soll nun beschrieben werden. Hauptwerkzeug ist eine Wasserkugel, die zunächst an das Ende der Hauptschnur geknüpft wird. Etwa 2–3 Meter entfernt davon kommt ein Stopper mit Perle auf die Schnur, und dann bringt man das aus den Vorkapiteln bereits bekannte Gleitvorfach auf die Schnur.

Bei dieser Fangmethode ist es von Vorteil, die Schnur vor dem Angeln leicht einzufetten, denn diesmal soll sie ausnahmsweise nicht absinken. Der Köderfisch würde sie andernfalls ständig überschwimmen, und statt einen Zander zu fangen, müßte man spätestens nach einer halben Stunde eine neue Gerätemontage vornehmen, weil sich an der bisher benutzten nichts mehr entwirren ließe. Abb. 16a zeigt, wie mit dieser Methode direkt über den Krautbeeten geangelt wird.

Eine Variante dieser Angelart zeigt Abb. 16b. Eine kleine Styroporkugel auf dem Vorfach, die wir ebenfalls schon kennen, kann in diesem Falle als Bißanzeiger dienen. Anschlagen muß man bei dieser Methode schon bald nach dem Anbiß, denn während der Bewa-

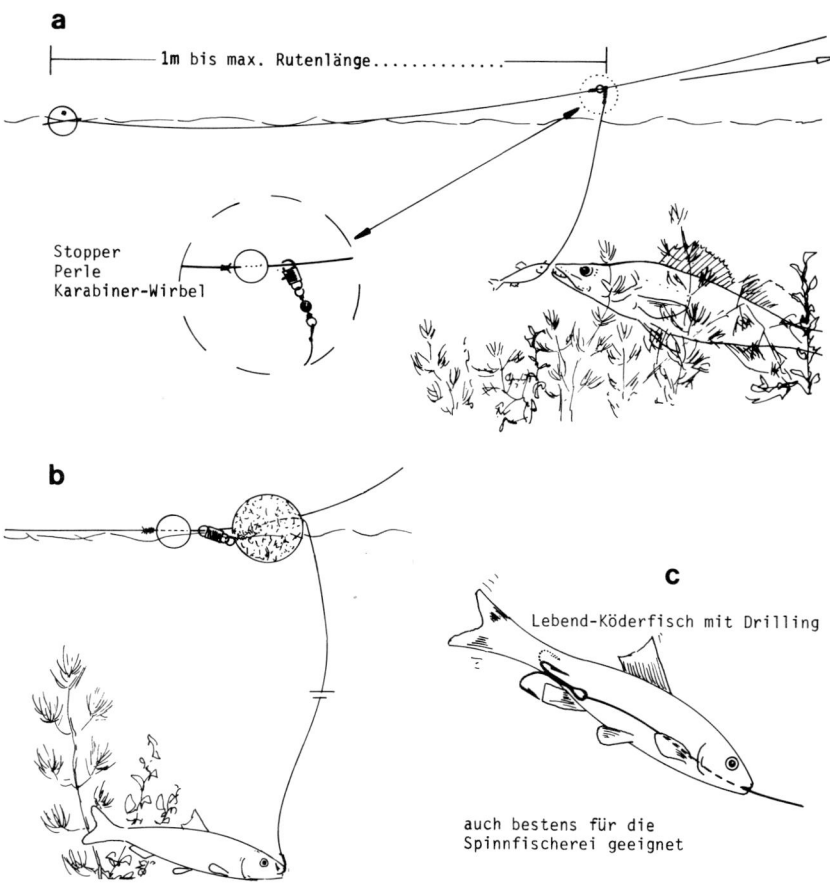

a

|— 1m bis max. Rutenlänge . . . . —|

Stopper
Perle
Karabiner-Wirbel

b

c

Lebend-Köderfisch mit Drilling

auch bestens für die
Spinnfischerei geeignet

Abb. 16. Krautvorfachmontage. a: Vorfach mit Köderfisch beweglich auf der Hauptschnur; b: Vorfach mit zusätzlichem Schwimmkörper; c: Anködern durch Maul und Kiemendeckel

chungsperiode im Frühjahr greifen Zander jeden Eindringling sofort an, ohne ihn jedoch unbedingt fressen zu wollen. Da Zander zu dieser Zeit beim Anbiß nicht sehr zimperlich sind und selbst grobes Gerät akzeptieren, kann man auch ein feines Stahlvorfach montieren, wobei ein daran angebundener Doppelhaken durchaus seinen Nutzen beim schnellen Anhieb haben kann. Das Stahlvorfach soll die um diese Zeit ebenfalls sehr beißfreudigen Hechte daran hindern, mit dem Vorfach auf Nimmerwiedersehen zu verschwinden.

Einen lebenden Köderfisch kann man so anködern, wie es Abb. 16 c zeigt. Die Schnur wird durch Maul und Kiemendeckel geführt und der Haken im Schwanzteil des Fisches befestigt. Wer keine Lebendköder zur Hand hat, kann auch einen toten Köderfisch montieren. Er wird genauso angeködert und durch leichtes Anheben der Rute in Bewegung gebracht.

Köderfischmontagen

Köderfisch mit Auftriebsfüllung

Eine weitere Möglichkeit, den eingeworfenen Köderfisch vom hindernisreichen Boden fernzuhalten, besteht darin, ihn nach Abb. 17a mit einem Styroporzylinder zu füllen. Mit einer Ködernadel bringt man zunächst das Styropor auf das Vorfach und beides zusammen dann in den Fisch, wie Abb. 17b zeigt. Natürlich gilt diese Montage nur für tote Köderfische, die sich als Zanderköder schon lange bewährt haben.

Sind weite Würfe erforderlich, ist der Köderfisch zusätzlich zu sichern, indem das Vorfach um die Schwanzwurzel gewickelt und statt eines Einfachhakens ein kleiner Drilling verwendet wird. Durch den starken Schwung beim Einwurf kann sich nämlich ein

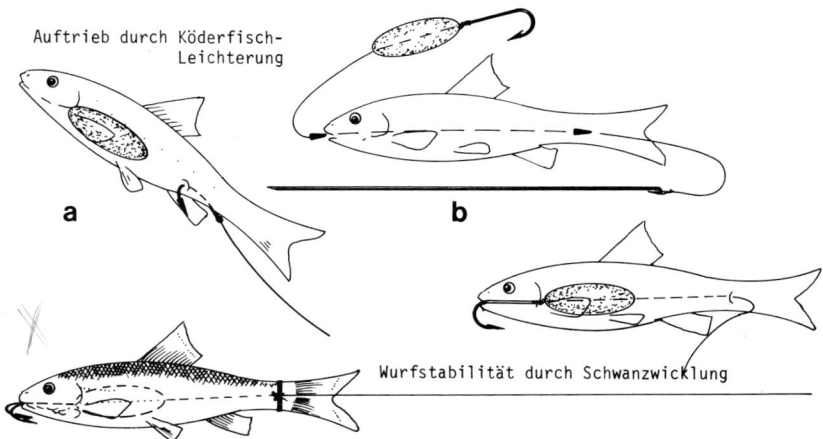

Abb. 17. Köderfisch mit Auftriebskörper. a: Separater Auftriebskörper mit Afterköderung; b: Haken, Schnur und Auftriebskörper werden mit Hilfe einer Ködernadel in den Fisch gebracht

Einfachhaken so stark in den Fisch hineinziehen, daß er im Zandermaul keinen Halt mehr findet. Drillinge, wenn sie nicht zu groß gewählt werden, halten einen Zander durchaus nicht vom Anbiß ab, wie viele Zanderfänge an der drillingbestückten Hechtangel schon bewiesen haben.

Beschwerter Köderfisch

Haben wir den Köderfisch im vorigen Kapitel aus bestimmten Gründen mit einer Auftriebsfüllung versehen, so kann es in anderen Fällen durchaus nützlich sein, ihm eine zusätzliche Beschwerung in Form einer Bleifüllung zu geben. Auch hierbei leistet die Ködernadel wieder vortreffliche Dienste, wie Abb. 18 a zeigt. Wieder wird der Fisch an der Schwanzwurzel noch einmal abgesichert, denn durch die zusätzliche Beschwerung entstehen beim Einwurf sehr starke Fliehkräfte, die den Fisch dabei vom Haken ziehen wollen. In Abb. 18 b werden zwei bewährte Methoden der Köderfischsicherung gezeigt.

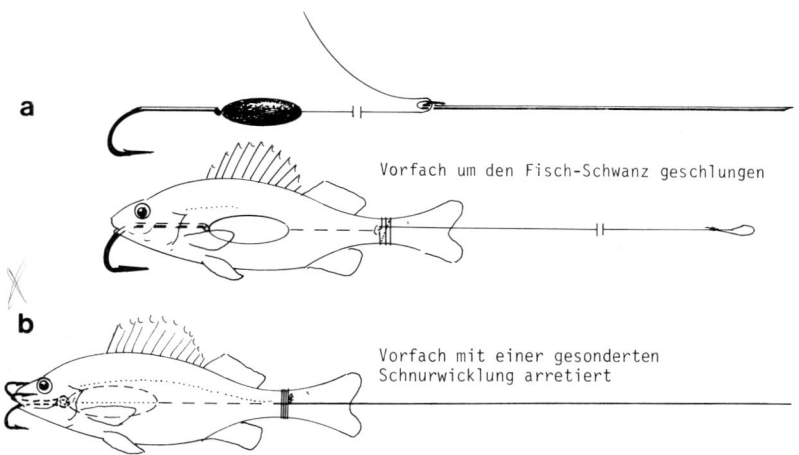

a

Vorfach um den Fisch-Schwanz geschlungen

b

Vorfach mit einer gesonderten Schnurwicklung arretiert

Abb. 18. Toter Köderfisch mit Bleiolive. a: Vorfachschlinge am Fischschwanz; b: Vorfachsicherung durch gesonderte Bindung

Man kann mit dem beschwerten Köderfisch am Grund angeln oder ihn wie einen Blinker benutzen. Im letztgenannten Fall montiert der Angler statt eines Einfachhakens besser einen Drilling.

Mit dem benutzten Bleigewicht sollte man nicht zu großzügig verfahren, denn ein zu stark beschwerter Köderfisch wird von den Zandern als unnatürlich erkannt und gern wieder losgelassen. Eine Bleiolive von etwa 10–20 g Gewicht dürfte nach bisherigen Erfahrungen stets ausreichen.

Andere Weitwurfmontagen

Je kräftiger der Schwung, um so größer das Risiko, den Köderfisch beim Einwurf zu verlieren. Besonders wenn nur wenige Köderfische im Eimer schwimmen, heißt es, sorgfältig die richtige Anköderungsart zu wählen.

Eine sehr gute Methode besteht darin, den Köderfisch mit einer Schwanzschlinge zu sichern. Zuvor muß man sich ein kleines Kunststoff- oder Metallplättchen so zurechtschneiden, wie es

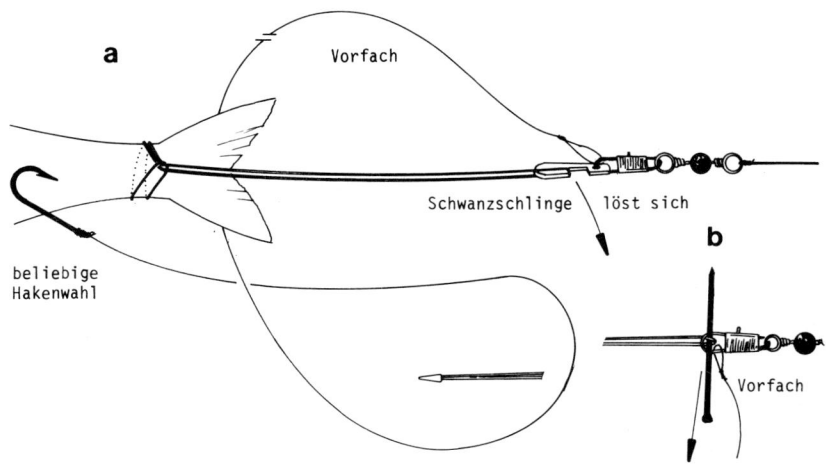

Abb. 19. Befestigen des Köderfisches mit einer Schwanzschlaufe. a: Mit Hilfe eines kleinen Metallhakens; b: Mit einem Nagel oder Drahtstift

Abb. 19a zeigt. Dieses Plättchen wird am Karabinerhaken, der auch das Vorfach hält, befestigt.

Vor dem Einwurf ködert man den Fisch wie gewohnt am Haken an und hängt jetzt die Schwanzschlinge in das vorbereitete Plättchen. Durch das Gewicht des Köders und die Fliehkraft beim Einwurf bleibt die Schlinge zunächst im Plättchen hängen. Erst nach dem Einwurf, wenn sich das Vorfach durch die Schwimmbewegungen des Köderfisches lockert, fällt die Schlinge vom Plättchen ab. Meistens dauert es nicht lange, bis sie sich auch vom Fisch löst. Aber selbst wenn sie am Fisch bliebe, würde dies einen anbeißenden Zander nicht sonderlich stören.

Wer die Bastelarbeit an dem Plättchen scheut, kann einfach einen kurzen, dünnen Metallstift zur Sicherung der Schnurschlinge benutzen, wie in Abb. 19b gezeigt. Wichtig ist in diesem Falle jedoch, den Stift so dünn zu wählen, daß er im Karabinerhaken nicht klemmt. Nach dem Einwurf wird er durch sein Eigengewicht aus dem Haken fallen und die Schlinge ebenfalls freigeben.

Eine weitere Methode zeigt Abb. 20a. Sie wird allerdings nur beim toten Köderfisch angewendet. Ihr Vorteil liegt darin, daß sich der Haken besonders anschlaggünstig anbringen läßt. Abb. 20a zeigt, wie der Ösenhaken an der Schlaufe befestigt wird. Er kann sich durch den Einwurf auch nicht in den Fisch hineinbohren, weil er, durch die Konstruktion der Anordnung bedingt, unverrückbar festsitzt. Eine weitere Sicherung ist zu erreichen, wenn man das Vorfach mit einer Ködernadel in Höhe des Schlaufenknotens zusätzlich durch die Schwanzwurzel zieht.

Für das Spinnfischen mit Naturködern läßt sich diese Methode etwas abwandeln. Der Haken wird in diesem Falle im hinteren Teil des Fisches placiert, wie Abb. 20c zeigt. Geeignet ist hierfür ein Drilling, der mit einem seiner drei Haken im Fisch fassen muß. Das Vorfach wird anschließend mit einer Ködernadel seitlich durch den Fisch und das Fischmaul nach außen geführt. Zusätzlich kann man das Maul noch zunähen, wobei man das Nähgarn noch durch eine in das Vorfach geknüpfte Schlaufe vor dem Fischmaul führt. Durch diese kleine zusätzliche Arbeit hält der Köderfisch wesentlich mehr Einwürfe aus und läßt dem Angler mehr Zeit zu seiner eigentlichen Beschäftigung, dem Zanderfang.

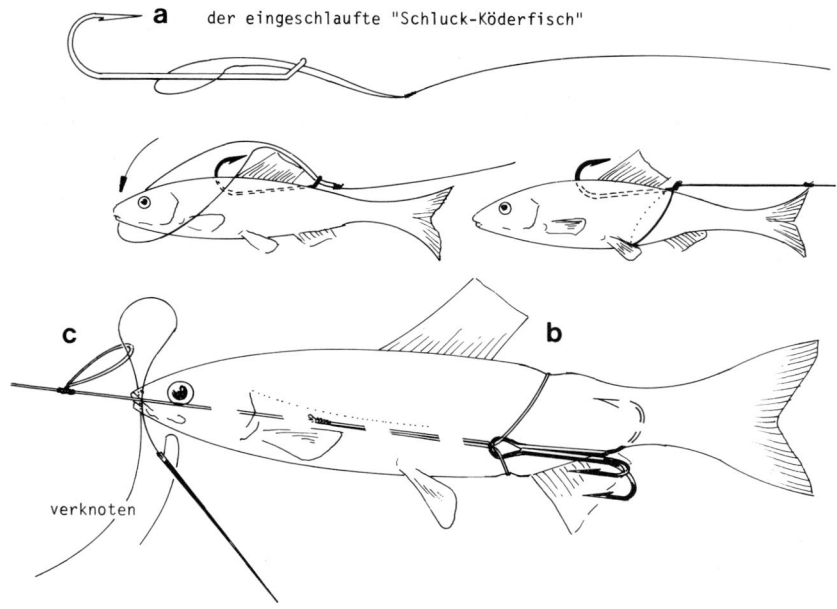

Abb. 20. Weitwurfmontage mit Schlaufe. a: Schlaufe durch Hakenöse über den Köderfisch ziehen; b: Schlaufenbefestigung mit Drillinghaken; c: Festnähen einer Schnurschlaufe am Fischmaul

Der Weitwurf mit Lebendködern ist stets problematisch. Kein Wunder also, daß immer wieder neue Methoden ersonnen werden, mit deren Hilfe der Köderfisch nicht nur weit, sondern auch noch aufschlagschonend geworfen werden kann.

Der Köderfisch hat nicht nur beim Aufprall auf die Wasseroberfläche einen starken Druck auszuhalten; er wird noch zusätzlich durch das Hinabsinken in größere Wassertiefen strapaziert. Durch einfache Montage eines kleinen Reagenzglases, wie man es im Labor verwendet, kann man dafür sorgen, daß der Köderfisch die Luftreise unbeschadet übersteht. Da dieses Gerät überwiegend in stehenden Gewässern angewendet wird, ist eine zusätzliche Bleibeschwerung nicht nötig.

Nach Abb. 21a wird das Reagenzglas vor dem Wirbel auf der Hauptschnur angebracht. Auf das letzte Vorfachdrittel zwischen Wirbel und Haken montiert man eine kleine Styroporkugel. Damit hat es eine besondere Bewandtnis: die Styroporkugel soll nach dem Aufschlag des Reagenzröhrchens auf dem Wasser den Köderfisch herausziehen, weil ein weiteres Verbleiben im Glas nun nicht mehr sinnvoll wäre. Ein angreifender Zander würde sich wahrscheinlich sonst die Zähne an diesem Aquariumfisch abbrechen. Wie man die Öse für die Schnur an das Reagenzglas bringt, läßt sich aus Abb. 21 a ebenfalls erkennen. Bastler werden sicher noch weniger aufwendige Montagen ersinnen. Der Köderfisch wird zweckmäßig hinter der Afterflosse angeködert, das Glas vor dem Wurf mit Wasser gefüllt.

Wenn man auf die Styroporkugel am Vorfach verzichtet, kommt es vor, daß sich der Fisch aus eigener Kraft nicht aus dem Glas befreien kann. In so einem Falle ist es nützlich, das Glas mit einem Stein statt mit Wasserfüllung zu belasten und den Köderfisch nicht mit dem Kopf, sondern mit dem Schwanz voran in den Glasbehälter zu stecken. Dabei wird Lippenköderung empfohlen.

Nach dem Auftreffen aufs Wasser kann sich der Fisch selbst aus dem Röhrchen befreien und durch seine Fluchtversuche einen Zander zum Anbiß reizen.

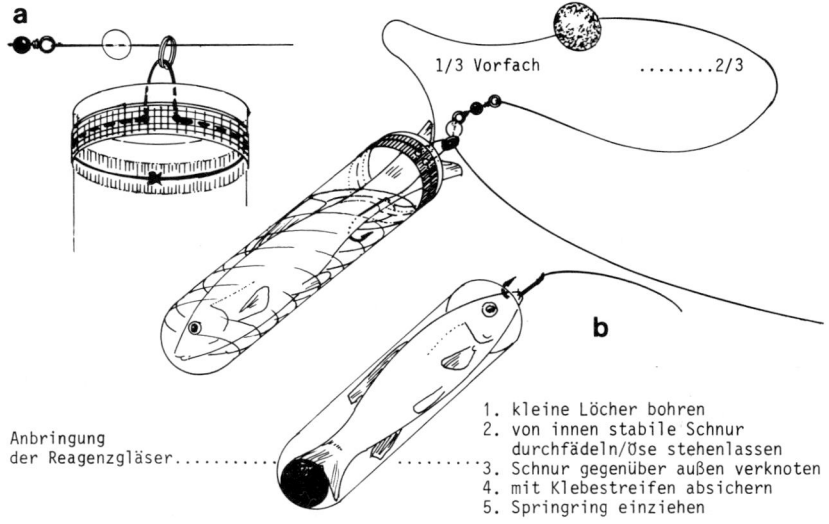

a

1/3 Vorfach 2/3

b

Anbringung
der Reagenzgläser..........

1. kleine Löcher bohren
2. von innen stabile Schnur
   durchfädeln/Öse stehenlassen
3. Schnur gegenüber außen verknoten
4. mit Klebestreifen absichern
5. Springring einziehen

Abb. 21. Köderfischbehälter für Weitwürfe. a: Befestigung an der Hauptschnur; b: Zusätzliche Beschwerung des Behälters

Welche Methode?

Grund- oder Posenangeln?

„Schwimmer oder Posen montiert man dort, wo es nötig ist, und Grundangeln wird praktiziert, wo es möglich ist!" Diesen Worten eines Spezialisten auf dem Gebiet des Zanderfangens kann jeder zustimmen.

Es ist allerdings bekannt, daß es gerade in unserem Land ausgesprochene Liebhaber des Posenangelns gibt, die, aus Überzeugung oder nur aus Freude an der sichtbaren Bißbewegung der Pose, nicht auf dieses optische Vergnügen verzichten möchten. In der Tat gibt es für einen Angler keinen schöneren Anblick, als den Bewegungen des Schwimmers zu folgen. Nicht nur das Auge wird dadurch aktiviert, sondern auch die Hoffnung auf einen Anbiß bei jeder verdächtigen Bewegung.

Andererseits gibt es gerade beim Zanderangeln auch Grundangelfanatiker, deren Einstellung durchaus berechtigt ist, weil der Zander seine Nahrung ja überwiegend am Grund sucht.

Wie der erste Satz dieses Kapitels schon andeutet, gibt es immer wieder auch Situationen, bei denen auf eine Pose überhaupt nicht verzichtet werden kann, und andere, bei denen sie durchaus störend wirkt. Der Nachteil der Posenangel liegt darin, daß bei ihr die Schnur von oben kommt und der Zander bei einem Anbiß sofort mit der Oberlippe diese Schnur spüren kann. Untersuchungen haben ergeben, daß Zander an dieser Stelle besonders empfindliche Nerven besitzen, die jede Fremdberührung umgehend registrieren. Die eigenartigen Bewegungen der Pose beim Anbiß eines Zanders mögen hier ihre Ursache haben. Nicht selten läßt der Zander den Köder auch wieder los.

Beim Grundangeln liegt die Schnur mit ihrem letzten Teil am Boden und kann beim Anbiß auch nicht so leicht mit der Oberlippe

Abb. 22. Ukeleis sind gute Zanderköder

des Zanders in Berührung kommen. Wichtig ist sowohl beim Posenangeln als auch beim Grundangeln ohne Pose ein genügend langes Vorfach. Der anbeißende Zander bekommt dadurch ausreichende Bewegungsfreiheit mit seiner Beute, die er meistens schon verschluckt hat, bevor sich dann das Vorfach strafft.

Beim Grundangeln ist es ungemein wichtig, daß die Schnur bei einem Anbiß ungehemmt von der Rollenspule gezogen werden kann. Andernfalls kommt es zum bekannten Loslassen des Köders und dem dann unvermeidlich langen Gesicht des Anglers.

Beim Angeln in fließendem Wasser bildet sich zwischen Grundblei und Rutenspitze gern ein mehr oder weniger großer Schnurbauch. Auch dieser Umstand sollte bedacht werden, denn auch er sorgt dafür, daß dem Zander das Ziehen an der Schnur erschwert wird, weshalb er sich lieber gleich auf Nimmerwiedersehen empfiehlt.

Die Entscheidung darüber, ob mit oder ohne Pose geangelt wird, sollte der Angler also nicht nach seiner persönlichen Einstellung zu diesem Thema fällen, sondern sie ausschließlich von den Gegebenheiten am Wasser abhängig machen. Nur dann wird er sich eines Tages zu den Meistern auf dem Gebiet des Zanderfanges rechnen dürfen.

Zanderposen

Lieblingspose

Wasserströmungen, Ködergrößen und nicht zuletzt die Wassertiefe am vorgesehenen Angelplatz können unterschiedliche Posen erforderlich machen. Meistens aber ist es so, daß der Angler an seiner einmal montierten Pose besonders hängt bzw. keine Lust hat, am Wasser erst noch umständliche Montagearbeiten durchzuführen, obwohl die Pose oft darüber entscheidet, ob ein Anbiß zum ersehnten Erfolg für den Angler wird oder nicht. Eine schlecht austarierte Pose kann sich negativ, eine gut austarierte dagegen ausgesprochen günstig auf die weitere Entwicklung des Bisses auswirken.

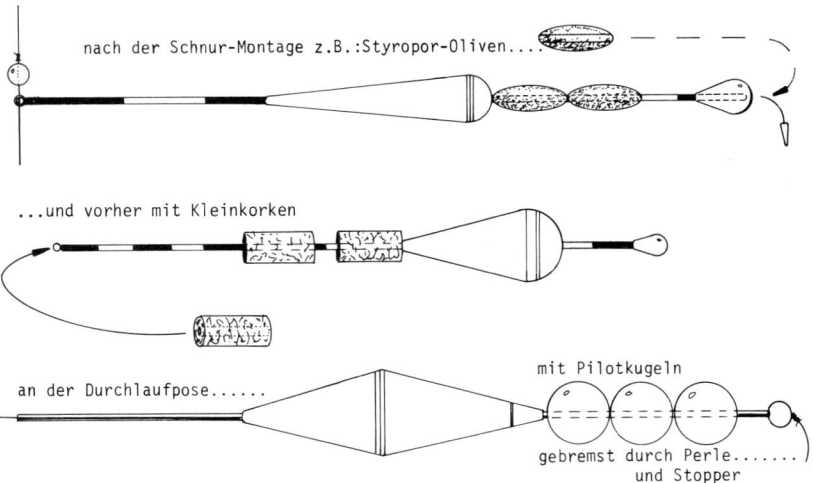

Abb. 23. Auftriebsänderungen am Schwimmer durch kleine Kork- oder Styroporstücke

Wer mit seiner Lieblingspose auf Zander angeln will, obwohl sie nach den Ausführungen dieses Buches nicht dafür geeignet ist, sollte zumindest immer einige kleinere Schwimmkörper aus Kork bzw. Styropor in Kugel- oder Olivenform in seiner Ausrüstung haben. Damit läßt sich nämlich fast jede Pose am Wasser ohne größeren Aufwand so umbauen, daß sie den Forderungen dieses Kapitels entspricht. Einige Anwendungsbeispiele zeigt Abb. 23.

Flötenlochschwimmer

Als besonders gute Zanderbißanzeiger haben sich die sogenannten Flötenlochschwimmer immer mehr durchgesetzt. Sie bieten zwei entscheidende Vorteile. Einmal sind sie selbst auf größere Entfer-

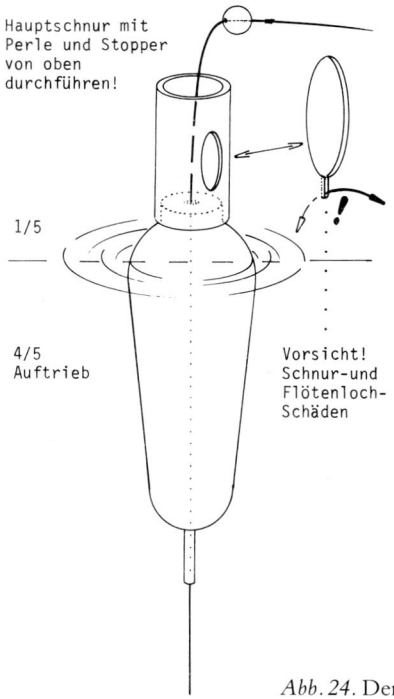

Hauptschnur mit
Perle und Stopper
von oben
durchführen!

1/5

4/5
Auftrieb

Vorsicht!
Schnur-und
Flötenloch-
Schäden

Abb. 24. Der Flötenlochschwimmer

nungen gut sichtbar, und zum anderen besitzen sie aufgrund ihrer Konstruktion und bei richtiger Bebleiung nur geringen Auftrieb. Man kann diese Schwimmer sowohl fest auf der Schnur montieren als auch eine Montage als Laufpose wählen. Allerdings darf die Schnur dabei nicht durch eines der ‚Flötenlöcher' gesteckt, sondern muß durch die dafür vorgesehenen Öffnungen geführt werden. Bei Nichtbeachtung dieser Empfehlung kommt es zu Zerstörungen von Pose und Schnur.

Wie die Flötenlochpose richtig montiert wird, zeigt Abb. 24. Die Bebleiung wird so gewählt, daß die Pose mit etwa $1/5$ ihrer Länge aus dem Wasser schaut. Nur bei Verwendung besonders großer Köderfische mit einer Länge von mehr als 12 cm wird man mit dem Blei etwas sparsamer umgehen müssen.

Treib- oder Segelpose

Nicht immer wird ein Zander gerade dort stehen, wo das eingeworfene Köderfischchen seine Runden dreht. Und auch dann, wenn seine Jagdaktivität gekommen ist, muß sein Jagdrevier nicht identisch mit dem Standort der Pose sein. Gibt man dem Köderfisch die Möglichkeit, seinen gegenwärtigen Standort ständig zu verändern, wird er sicher auch einmal in die Nähe gerade raubender Zander gelangen. Diese Standortänderungen der Pose lassen sich im Fließwasser mit Hilfe der Strömung erreichen. Im stehenden Wasser aber auch durch den Wind.

Treibende Posen haben nicht nur den Widerstand des Wassers zu überwinden, sondern sie werden auch durch die unter ihnen hängende Montage gebremst. Hinzu kommt, daß der Wind an der Pose nicht genügend Fläche findet, um sie zum Wandern zu bringen. Wir benötigen also eine kleine Unterstützung, die einerseits leicht anzubringen sein soll und andererseits den Auftrieb der Pose nur geringfügig beeinflussen darf. Für diesen Zweck sind Geflügelfedern jeglicher Art bestens geeignet. Man befestigt sie entsprechend der Abb. 25 so an der Pose, daß der Schnurdurchlauf bei ihrer Verwendung als Gleitpose nicht behindert wird.

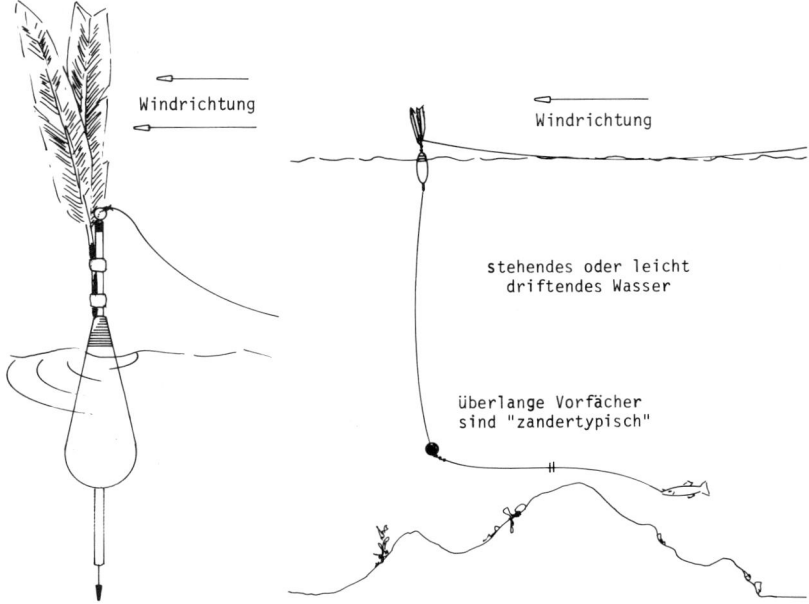

Abb. 25. Die Segelpose

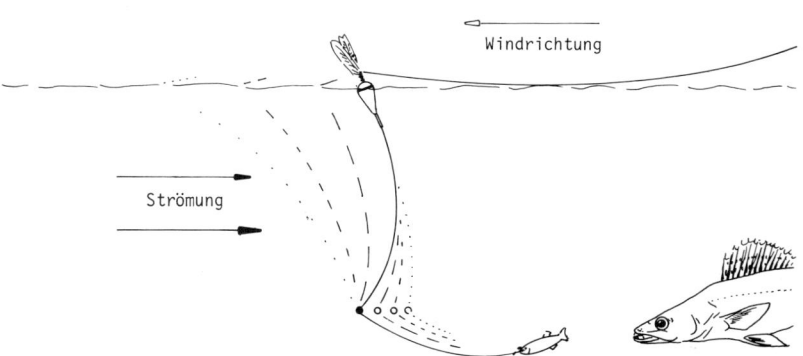

Abb. 26. Segelpose in der Strömung als Bremse

Treib- oder Segelposen verwendet man am besten über gleichmäßig tiefem Grund. Vorheriges Ausloten der zu befischenden Gewässerteile ist daher von Vorteil. Die Bleibeschwerung wird bei
dieser Art der Angelei etwa 0,5 bis 1,5 m vom Haken entfernt angebracht. Dadurch werden kleinere Tiefenunterschiede im Gewässer, die ja immer vorhanden sind, wieder ausgeglichen. Da bei einem Anbiß der Posenauftrieb erst sehr spät wirksam wird, kommt
es auch nicht so häufig zum Loslassen des Köders.

In Fließgewässern wendet man die Segelpose dann gern an,
wenn der Wind gegen die Strömungsrichtung weht. Die Ge-
schwindigkeit des abtreibenden Köders läßt sich in diesem Falle
entscheidend verlangsamen. Allerdings nimmt die Wirkung mit
zunehmender Strömungsgeschwindigkeit immer mehr ab. Siehe
auch Abb. 26.

Posensegel

Einen sehr wirksamen und außerdem weithin sichtbaren Segelauf-
satz für Posen mit Antenne muß man beim Zanderangeln unbedingt berücksichtigen. Man bastelt ihn leicht selbst aus einem
Balsaholz- oder Kunststoffzylinder von etwa 10 bis 16 mm Durchmesser und etwa 3 bis 3,5 cm Länge.

Zwei Segel aus dünnen Kunststoffplättchen werden zu einem
Kreuz gefügt und in den Zylinder eingelassen. Bei starkem Wind
kann man auch mit nur einer Kunststoffplatte arbeiten, die im warmen Wasser im rechten Winkel gebogen worden ist. Damit läßt
sich die Abdrift verzögern.

Das Posensegel wird an einem Ende mit einer Bohrung versehen, damit man es auf die Spitze der Posenantenne bringen kann.
Austariert wird die fertige Montage. Das aufgesetzte Segel ist also
bei der Bebleiung zu berücksichtigen. Auf diese Weise wird der anbeißende Fisch keinen zusätzlichen Auftrieb an der Pose spüren.
Abb. 27 zeigt die beiden beschriebenen Möglichkeiten der Segel-
montage an der Pose.

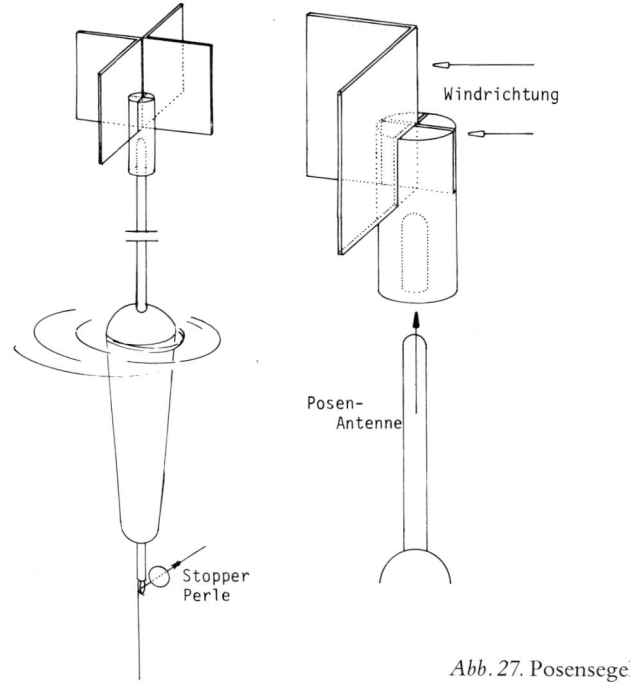

Abb. 27. Posensegel

Luftballon-Treibangel

Einen außerordentlich erfolgreichen Zanderangler traf ich in Polen an den Gewässern Nordmasurens. Ich selbst befischte schon geraume Zeit eine fast undurchdringliche Uferstrecke eines herrlich gelegenen Flachsees. Wegen des dschungelartigen Gestrüpps am Ufer konnte man kaum einen Köderfisch einwerfen, und da der Untergrund zudem moorig und weich war, gelang es auch nicht, ins Wasser auszuweichen.

Obwohl ich jede Lücke im Gestrüpp ausnutzte, war an angemessene Wurfentfernungen für Köderfisch oder Spinner nicht zu denken. Immer häufiger beschäftigte ich mich damit, meine Montagen aus dem Geäst zu befreien. Als ich endlich mit dem Angeln aufhören wollte, erspähte ich einen einigermaßen annehmbaren Platz. Leider saß dort schon jemand. Neben dem Fischer lagen drei Grundangeln auf den bekannten Astgabeln, und von diesen führten Schnüre geradewegs weit in den See hinaus. Wie mochte er mit seinen kurzen Ruten wohl so weit hinausgeworfen haben? Gebüsch war schließlich auch an diesem Angelplatz in ausreichender Menge vorhanden.

Nach der üblichen Begrüßung begann eine aufschlußreiche Unterhaltung, über die ein Zuschauer wahrscheinlich den Kopf geschüttelt hätte, denn sie wurde dreisprachig geführt, deutsch, polnisch sowie mit Händen und Füßen. Dabei machte ich dem Zanderfreund deutlich, daß es mir ein Rätsel sei, wie er bei den vielen Ästen ringsumher seine Köder so weit habe auswerfen können.

Er lächelte nur und begann, eine seiner Angeln langsam und gemächlich einzuziehen. Zunächst schien es so, als habe er zu wenig Schnur auf seiner Rolle, denn die Spulenachse war mit nur wenigen Windungen bedeckt. Aber zusehends füllte sich die Spule, und als sich endlich die Bleibeschwerung näherte, befand sich davor ein schlaffer, kleiner Luftballon. Wie Abb. 28 zeigt, war er lediglich mit einem Stückchen Draht etwa 2$^1/_2$ m über dem Grundblei an der Schnur befestigt.

Nun zog mein polnischer Angelfreund einen neuen, roten Ballon aus der Jackentasche, stach mit einer Nadel direkt in die schmale Aufblastülle des Ballons ein Loch, beköderte den Haken und blies dann den Luftballon auf. Nachdem er ihn fachgerecht zugeknotet

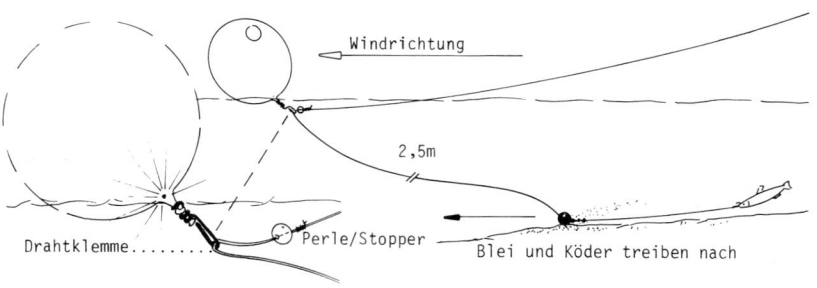

Abb. 28. Ballon-Treibangel

hatte, brachte er ihn blitzschnell wieder an die Angelschnur und warf seine Montage so weit wie nur möglich auf den See hinaus.

Der Wind trieb den Ballon samt angeködertem Fischchen weiter und weiter auf den See hinaus. Dabei wurde der Ballon immer kleiner, und bald fiel er vollkommen in sich zusammen: das Grundblei hatte seinen Platz erreicht, und der Angler straffte seine Montage. Nachdem er die Rute in die Astgabel gelegt hatte, sah er mich an und breitete seine Arme aus, als wollte er sagen: „Noch eine Frage?"

Am nächsten Tag wehte der Wind aus einer anderen Richtung, und zwar genau von der gegenüberliegenden, gut zu begehenden Uferseite her. Hier hätte man also normal angeln können. Doch die Technik des Luftballonangelns hatte mir so imponiert, daß ich sie unbedingt erproben wollte. Die ersten beiden Ballons platzten beim Aufblasen, da ich das Loch anscheinend nicht sorgfältig genug in das etwas dickere Gummi des Ballonhalses gestochen hatte. Endlich klappte es, und so brachte ich es bis zum Mittag noch auf zwei prächtige, 4 kg schwere masurische Zander.

Abb. 29. Posen und Bleigewichte für den Zanderangler

Spezielle Montagen

Posen-Vorfach-Montage

Bei starkem Wind oder wenn man die Hauptschnur nur teilweise anheben möchte, empfiehlt sich eine spezielle Posen-Vorfach-Montage. Mit einem Stückchen Schnur, das verschiebbar auf der Hauptschnur angebracht wird und an dessen anderem Ende die Pose montiert ist, läßt sich der Einfluß des Windes auf die Pose etwas ausgleichen.

Verhedderungen beim Einwurf sind bei dieser Montageart nicht zu befürchten, da sich Pose samt darangebundener Schnur beim Einwurf entlang der Hauptschnur strecken. Nachdem das Blei zu Boden gesunken ist, treibt die Pose auf, und die Schnur wird nun soweit gestrafft, bis die Pose aufrecht im Wasser steht.

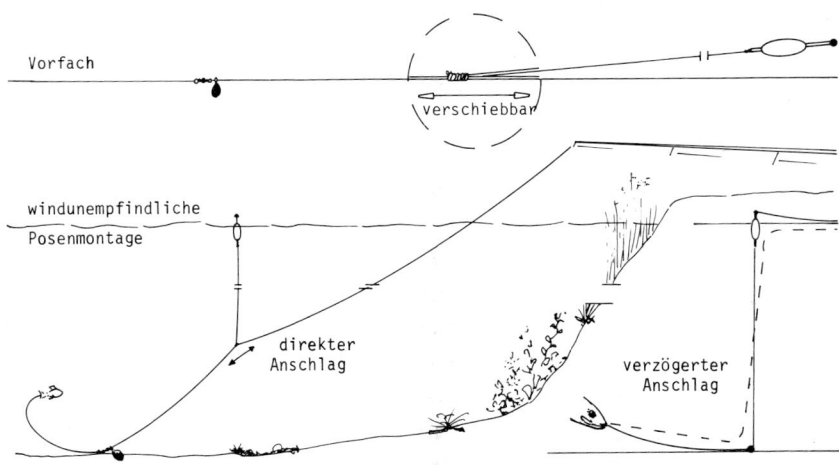

Abb. 30. Posen-Vorfach-Montage

Angelt man mit dieser Montage über Grund und benutzt sie als Treibangel, muß die Pose wie üblich vorher genau austariert werden. Ein beachtlicher Vorteil dieser Montage liegt in dem nunmehr stark verkürzten Anschlagweg. Der Winkel, der sich bei normaler Montage sonst zwischen Köder und Rutenspitze bildet, ist jetzt stark verkleinert. Abb. 30 zeigt alle Details dieser Montage noch einmal recht deutlich.

Posenschnellmontage

Immer wieder kommt es vor, daß man seine Geräte zum Grundangeln montiert hat und am Wasser feststellt, daß diesmal das Angeln mit der Pose vorzuziehen wäre. Meistens beläßt man aus menschli-

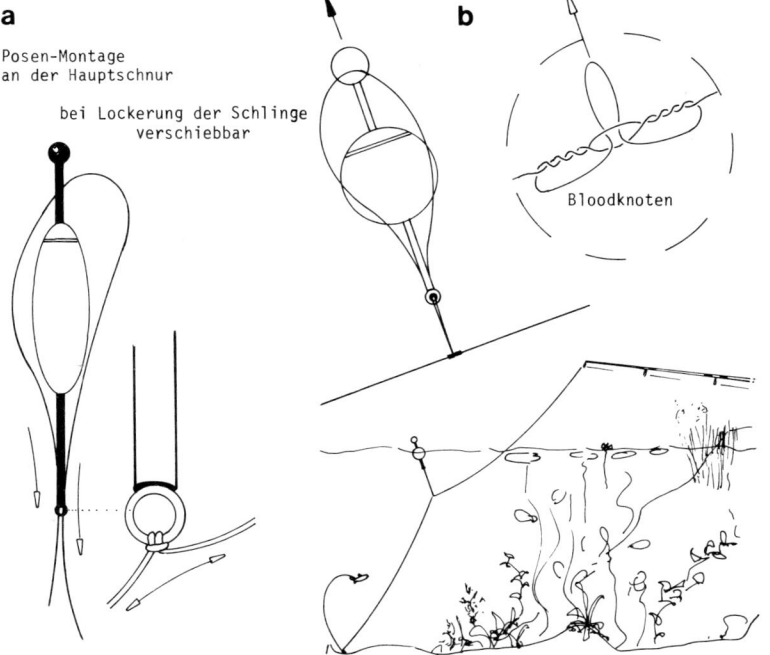

a

Posen-Montage
an der Hauptschnur

bei Lockerung der Schlinge
verschiebbar

b

Bloodknoten

Abb. 31. Posenschnellmontage. a: Posenmontage mit Schlaufe; b: Mit Bloodknoten

49

cher Trägheit dann alles beim alten, obwohl ein Umrüsten auf Posenangeln sehr einfach ist, wie Abb. 31 a zeigt.

An jener Stelle, an der die Schnur die Pose aufnehmen soll, legt man sie doppelt. Dieses doppelt gelegte Schnurstück fädelt man anschließend durch die Öse am unteren Posenende. Die Pose wird danach durch die Schnurschlaufe gesteckt und die Schnur wieder strammgezogen. Durch Lockern der Schnur ist die Pose jederzeit auf ihr verschiebbar.

Bei Verwendung des sogenannten Bloodknotens zur Posenmontage nach Abb. 31 b bleibt die Pose unverrückbar fest auf der Schnur. Macht man zudem die aus dem Knoten kommende Schlaufe sehr lang, ergibt sich auch hier eine Posenvorfach-Montage, wie sie im Vorkapitel beschrieben wurde.

Es sollte nicht unerwähnt bleiben, daß mit dieser Methode auch das Grundangeln mit vorgeschalteter Pose erfolgreich betrieben werden kann.

Kettenbleivorfach zum Posenangeln

Abweichend von der üblichen Ködermontage mit Pose und festmontiertem oder durchlaufendem Blei, bei der sich in Fließgewässern leicht ein Schnurbauch bildet, sollte man des öfteren auch Versuche mit der Kettenbleimontage machen.

Diese Montage bietet einige Vorteile. So wird u. a. der schon genannte Schnurbauch vermieden, und bei einem Anbiß spürt der Zander nicht sofort das ganze Bleigewicht, weil es sich jetzt über eine größere Vorfachlänge verteilt. Der Köderfisch bekommt bei dieser Montageart weit mehr Bewegungsspielraum als üblich, weil er beim Umherschwimmen nicht das ganze Gewicht der Bleibeschwerung bewegen muß.

Wie Abb. 32 zeigt, werden die Bleie im Abstand von etwa 10 cm auf der Schnur befestigt, wobei ihre Größe von oben nach unten abnimmt. Das letzte Blei bekommt seinen Platz etwa 60 cm vom Haken entfernt. Das Lotblei hängt man beim Ausmessen der Wassertiefe am Angelplatz über dem vorletzten Blei ein. Dadurch läßt

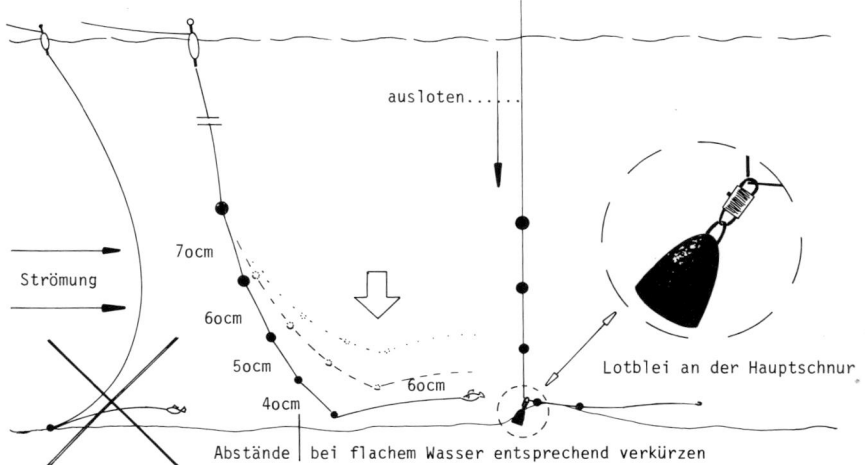

aus loten.......

Strömung

7ocm

6ocm

5ocm

6ocm

4ocm

Lotblei an der Hauptschnur

Abstände | bei flachem Wasser entsprechend verkürzen

Abb. 32. Kettenbleivorfach zum Posenangeln

sich erreichen, daß der Köderfisch in der richtigen Höhe über Grund angeboten wird. Eine Garantie für Zanderbisse ist damit allerdings noch nicht verbunden.

Kettenbleivorfach zum Grundangeln

Wie nun bekannt, ist es stets vorteilhaft, möglichst lange Vorfächer zu verwenden. Benutzt man aber Köderfische, die gern zur Oberfläche streben, wie z. B. kleine Rotfedern, dann wird zum Grundangeln ohne Pose bevorzugt ein Kettenbleivorfach benutzt, weil es den Köderfisch daran hindert, in obere Wasserregionen zu flüchten.

Um den Köderfisch bißgerecht servieren zu können, montiert man das Kettenbleivorfach gemäß Abb. 33a und achtet darauf, daß zwischen dem Haken und dem nächstgelegenen Blei ein Abstand von mindestens 20 cm verbleibt. Die nächstfolgenden Bleie, insgesamt nicht mehr als vier, haben jeweils 20 cm Abstand. Dabei verdoppelt der Angler das Gewicht der Bleie in der Weise, daß das kleinste Blei nahe dem Haken, das größte als letztes montiert wird. Die Gesamtbebleiung sollte dabei ein Gewicht von etwa 30 g nicht

51

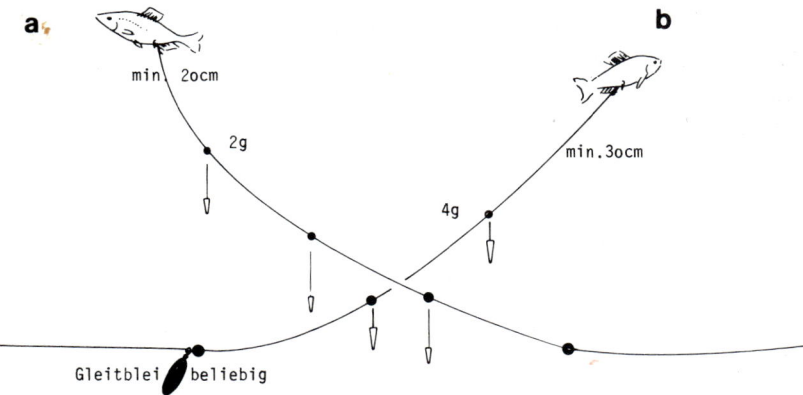

Abb. 33. Kettenbleivorfach zum Grundangeln. a: Montage mit leichteren Bleien; b: Montage mit zusätzlichem Birnenblei

übersteigen. Das genügt, um den Köderfisch in Grundnähe zu halten und dem Zander beim Anbiß nicht zuviel Widerstand zuzumuten.

Ist aber eine schwerere Bebleiung notwendig, dann wird nach Abb. 33 b verfahren. Diese Montageart gilt überwiegend bei tieferem Wasser. Dabei kann der Abstand zwischen den einzelnen Bleien großzügiger bemessen sein. Der Abstand von Blei zu Blei beträgt jetzt etwa 40 cm und die Entfernung des letzten Bleies zum Haken etwa 30 cm. Benutzt man insgesamt drei Bleie und fängt mit einem Gewicht des einzelnen Bleies von 4 g an, dann wird das Gesamtgewicht durch die jeweilige Verdoppelung 28 g betragen.

Erst jetzt montiert man das eigentliche Wurf- oder Grundblei mit einer Öse auf der Hauptschnur. Dabei kann das letzte Kettenblei als Stopper dienen. Diese Montage zieht den Köderfisch bei seinen Fluchtversuchen immer wieder zum Grund zurück. Besonders in langsam fließenden Gewässern hat sich diese Montageart unter Anwendung der Afterköderung des Fischchens bestens bewährt.

Ein Nachteil dieser Kettenbleimontage sollte aber nicht verschwiegen werden. Wegen der vielen benutzten Bleie kommt es häufiger zu Hängern als sonst. Durch Verwendung etwas größerer Schnurstärken kann dieser Mangel jedoch etwas ausgeglichen werden.

Verhedderungen des Vorfaches sind so gut wie ausgeschlossen, weil die vom Köderfisch angehobenen Bleie immer exakt zurückfallen, wenn das Fischchen bei seinen Ausreißversuchen wieder zum Boden zurückkehrt.

Schleifbleitechnik

Kleinfische wirbeln bei der Nahrungssuche am Grund winzige Partikel auf, die dann langsam mit der Strömung abtreiben. Weiter stromabwärts lauernde Zander erkennen daran sofort, daß leicht zu erjagende Beute nicht mehr weit sein kann. Der Jagdinstinkt der Zander wird also angeregt und stachelt dabei die Freßlust an. Vermutlich schwimmen die Räuber nun stromauf, um schneller in den Bereich der Futterfische zu kommen.

Beim Fischen mit der Schleifbleimethode macht sich der Angler diesen Umstand zunutze. Wie Abb. 34 zeigt, erreicht er das Aufwirbeln kleiner Grundpartikel durch das über den Boden schleifende Blei. Durch gelegentliches Verzögern der Abdrift und weiteres Treibenlassen kann die entstehende Partikelfahne noch verstärkt werden. Oft lassen sich die Zander täuschen und greifen zu.

Im stehenden oder nur sehr gering strömenden Wasser gibt es zwei Möglichkeiten, die Beißlust der Zander künstlich zu fördern.

Montage...........in Intervallen....festhalten.......das Blei wird durch die Strömung weiterbefördert

Strömung

...der Köderfisch befindet sich vor der Hauptschnur

Abb. 34. Schleifbleitechnik

Einmal kann dies durch Verwendung außerordentlich lebendiger Köderfische erreicht werden, die nach dem Einwurf das nicht zu schwere Blei hinter sich herziehen und damit die schon erwähnte Partikelwolke erzeugen, oder aber durch sehr weites Einwerfen des Köderfisches, der dann in Kurzintervallen näher herangezogen wird und dadurch ebenfalls eine Partikelwolke erzeugt.

Beide Techniken sind sowohl mit lebenden als auch mit toten Köderfischen möglich. Der Fangerfolg hängt entscheidend von der Aktivität des Anglers bei der Führung dieser Montage ab. Und natürlich auch von der Bereitschaft der Zander, gerade jetzt fressen zu wollen.

Verschiebbare Vorfachmontagen

Ein Wirbel zwischen Hauptschnur und Vorfach ist beim Zanderangeln nicht unbedingt erforderlich. Man kann sogar mit durchgehender Hauptschnur bis zum Haken arbeiten.

Eine Variante dieser Montage besteht darin, das Vorfach auf der Hauptschnur verstellbar anzubringen, wie es Abb. 35a zeigt. Man schlauft die Hauptschnur durch einen Ventilgummistopper und fädelt danach die Schlaufe des separaten Vorfaches mit dem Bleigewicht ebenfalls hindurch. Durch die Öse des Bleivorfaches wird nun die Hauptschnur gesteckt, der Haken angebunden und danach alles strammgezogen. Durch Lockern des Knotens am Stopper läßt sich nun die Länge des Vorfaches zum Haken verstellen und damit den örtlichen Gegebenheiten anpassen.

Wie Abb. 35b zeigt, kann man die ganze Angelegenheit auch umkehren und das Bleigewicht an das Ende der Hauptschnur knoten und das Hakenvorfach mit der Öse auf der Hauptschnur durch den Stopper hindurch befestigen. Bei dieser Montageart bleibt die einmal gewählte Vorfachlänge zum Haken gleich, jedoch verändert sich je nach Einstellung die Höhe über dem Bleigewicht.

Mit der verschiebbaren Vorfachmontage ist sowohl Grund- als auch Posenfischen möglich. In Fließgewässern kann sie beim Angeln mit der Pose sogar zum Vorteil gereichen, weil der Köderfisch

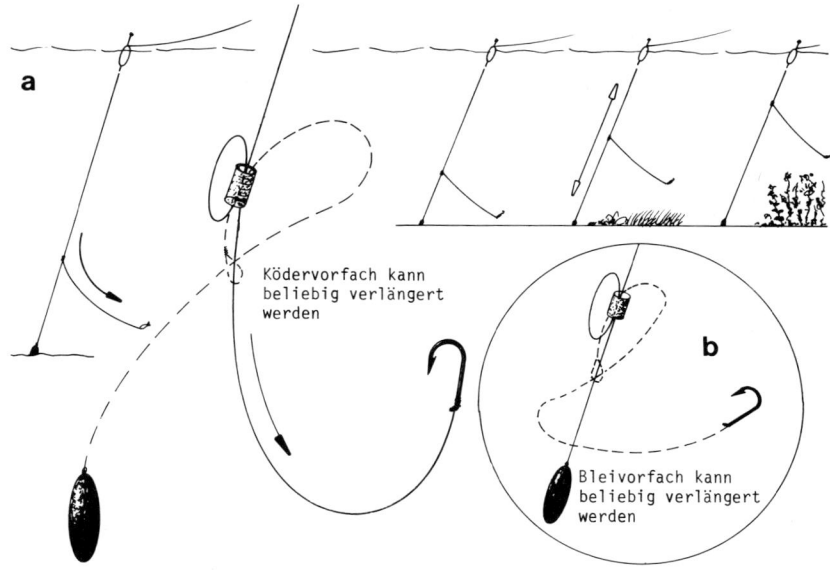

Abb. 35. Verschiebbare Vorfachmontagen. a: Hakenvorfach kann beliebig verlängert werden; b: Bleivorfach kann beliebig verlängert werden

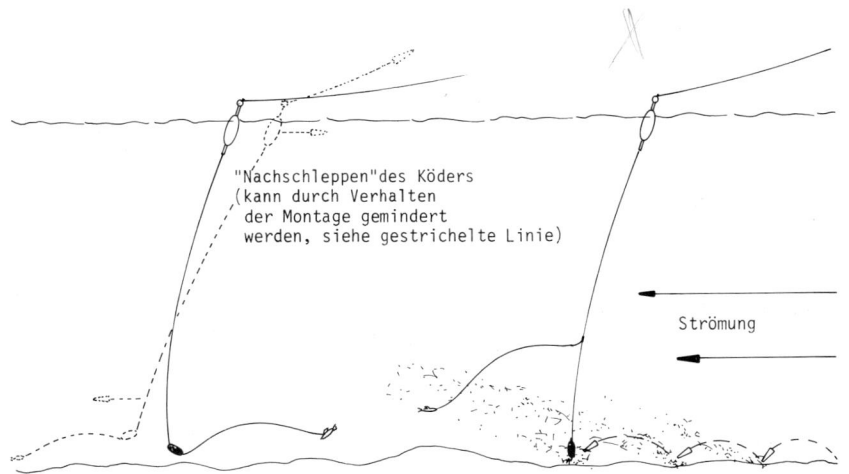

Abb. 36. Verschiebbares Vorfach an der Posenangel

55

nun nicht über den Boden geschleift wird, sondern in einer vorher bestimmbaren Entfernung darüber geführt werden kann, wie aus Abb. 36 ersichtlich ist.

Einen kleinen Nachteil dieser geschilderten Montageart muß man jedoch gelegentlich in Kauf nehmen. Es kann nämlich vorkommen, daß sich der Stopper verschiebt und damit Blei und Haken am Ende der Schnur zusammenrutschen. Meistens wird dies beim starken Einwurfschwung passieren, aber auch beim starken Anschlag kann es vorkommen. Durch mehrmaliges Durchschlaufen der Schnur durch den Ventilgummistopper kann man den Effekt verringern. Allerdings ist darauf zu achten, daß dabei kein Knoten in die Schnur geschlauft wird. Der Stopper ließe sich in diesem Falle überhaupt nicht mehr verschieben.

Die Vielseitigkeit der genannten Methode ist überaus groß. Sie ermöglicht unter anderem das Überkrautangeln oder das Fischen in Krautlücken, weil vermieden werden kann, daß sich der Köderfisch im Kraut versteckt.

Der größte Vorteil der Vorfachgleitmontage besteht jedoch darin, dem Angler am Wasser viel Umbauarbeit zu ersparen. Durch einfaches Verschieben des Vorfaches kann man sowohl am Boden als auch im Flachwasserbereich des Ufers angeln, wenn raubende Zander dort abends zu beobachten sind.

Das Pilotfloß

Liebhaber der Posenangel kennen und fürchten beim Zanderangeln eine Situation besonders, wenn nämlich der Schwimmer nach einem Anbiß abgetaucht ist, die Schnur aber keine weitere Reaktion zeigt. Schwimmt der Zander etwa, wie es sehr oft geschieht, mit dem Köder im Kreis herum? Kommt er auf den Angler zu, oder was gedenkt er zu tun?

Antwort auf alle diese Fragen kann eine kleine Styroporkugel geben, die man als Pilotfloß mit Hilfe eines Karabinerhakens auf der Hauptschnur montiert. Wie Abb. 37a zeigt, erfolgt die Montage oberhalb des eigentlichen Schwimmers.

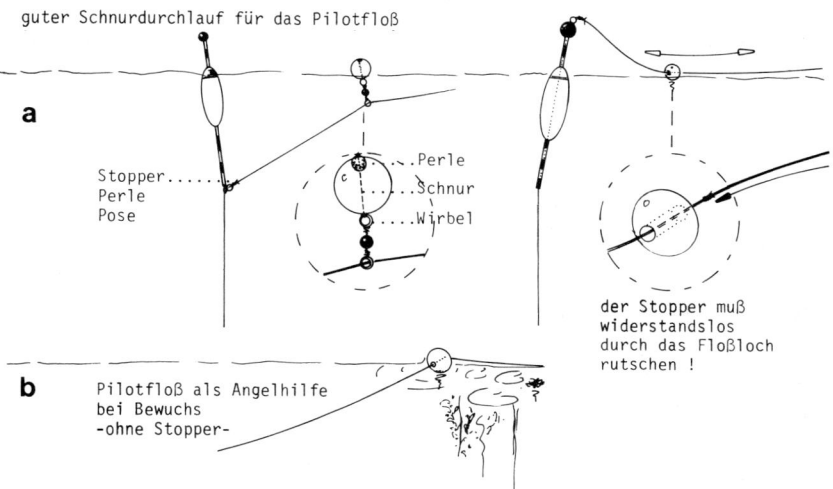

guter Schnurdurchlauf für das Pilotfloß

a

Stopper......
Perle
Pose

.Perle
...Schnur
....Wirbel

der Stopper muß
widerstandslos
durch das Floßloch
rutschen !

b Pilotfloß als Angelhilfe
bei Bewuchs
-ohne Stopper-

Abb. 37. Pilotfloß. a: Montage oberhalb der Pose; b: Überkrautangeln mit Pilotfloß

Natürlich achtet man darauf, daß die Hauptschnur leicht durch
die Öse des Karabinerhakens bzw. Wirbels am Pilotfloß gleiten
kann, damit es beim erwarteten Anbiß nicht ebenfalls in die Tiefe
gezogen wird. Ist alles richtig montiert, bleibt das Pilotfloß an der
Oberfläche und zeigt nun genau an, in welche Richtung sich unser
Freund am unteren Ende der Montage verdrücken will.

Auch Grundangler profitieren gern von dieser kleinen Angelhilfe, um die Schnur beim Angeln vor Krautgelegen an der Oberfläche zu halten und zusätzlich zum Rutenbißanzeiger eine kleine
Kontrolle zu haben. In Abb. 37b sieht man, wie die Schnur durch
das Pilotfloß daran gehindert wird, in das Krautbeet hinabzusin-
ken. Kleine Plastikkugeln mit großem Loch für den Schnurdurchlauf haben sich für diese Montageart besonders bewährt.

Verankerte Auftriebsangel

Im leicht strömenden Wasser ist es manchmal schwierig, den Köderfisch zandergerecht anzubieten. Oft kommt es vor, daß er sich nach dem Einwurf am Boden verkrümelt, hauptsächlich natürlich, wenn ohne Pose direkt am Grund gefischt wird.

Nun ist es aber bekannt, daß Zander morgens und besonders auch am Abend in unmittelbarer Ufernähe auftauchen, um die dort dann in Mengen nach Futter suchenden Kleinfische zu jagen.

Gerade für die Angelei im flacheren Uferbereich bietet sich eine Montage nach Abb. 38a an. Zwischen Bodenblei und Haken bringt man einen kleinen Auftriebskörper in Form eines Styroporzylinders auf die Schnur. Damit der Styroporzylinder nicht bis zum Haken rutschen kann, schaltet man einen Wirbel dazwischen.

Das Auswerfen geschieht wie üblich, und nachdem das Bo-

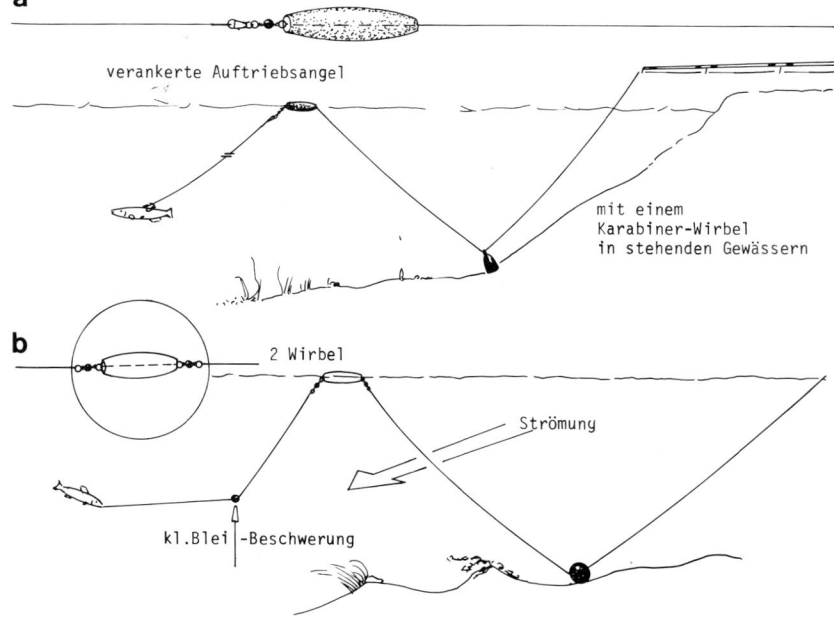

Abb. 38. Verankerte Auftriebsangel. a: Im stehenden Gewässer; b: Im Fließwasser

58

denblei den Boden erreicht hat, treibt der Auftriebskörper bis zur Wasseroberfläche auf. Natürlich muß bis zu diesem Zeitpunkt Schnur gegeben werden. Danach wird die Rute in eine Astgabel gelegt und ein Bißanzeiger montiert.

Obwohl diese Gerätemontage nur für schwach fließendes Wasser gedacht ist, läßt sie sich mit einem kleinen Trick auch in etwas stärker fließendem Wasser anwenden. Dazu ist es notwendig, den Auftriebskörper beidseitig auf der Schnur zu stoppen und ein kleines Bleigewicht zusätzlich zwischen Auftriebskörper und Haken anzubringen, wie in Abb. 38 b dargestellt.

Wer mit der geschilderten Montageart auch in stehendem Wasser angeln will, läßt beide Wirbel am Auftriebskörper am besten weg, weil sie hier nur hinderlich sein würden.

Verankerter Köderfisch

An den sogenannten Scharkanten hat sich das Angeln mit dem festliegenden bzw. verankerten Köderfisch bewährt. Durch die Montage von drei Bleigewichten verschiedener Größe kann der Köderfisch den Zandern genau an der Scharkante angeboten werden.

Wie Abb. 39 zeigt, benötigt man außer dem normalen Bodenblei mit Öse noch zwei jeweils halb so schwere Bleikugeln. Diese beiden Bleikugeln zusammen dürfen den Schwimmer noch nicht hinabziehen. Durch Ventilgummistopper werden die beiden Bleie auf der Hauptschnur im Abstand von ca. 1 m bzw. 0,4 m gestoppt. Da das Hauptblei fest am Boden liegen bleibt, jedoch nur an seinem unteren Ende durch einen Stopper fixiert wurde, kann der Köderfisch, wie in der Abbildung gezeigt, durch gelegentliches Ziehen das zweite Blei anheben und dadurch kurzfristig mehr Bewegungsspielraum erhalten. Der Auftrieb der Pose sorgt dafür, daß die gezeigte Grundstellung immer wieder erreicht wird.

Bei dieser Angelart soll die Schnur zwischen Schwimmer und Rutenspitze nicht locker oder schlaff im Wasser hängen, sondern leicht gestrafft bleiben. Erst beim erkennbaren Anbiß wird, wie gewohnt, Schnur freigegeben.

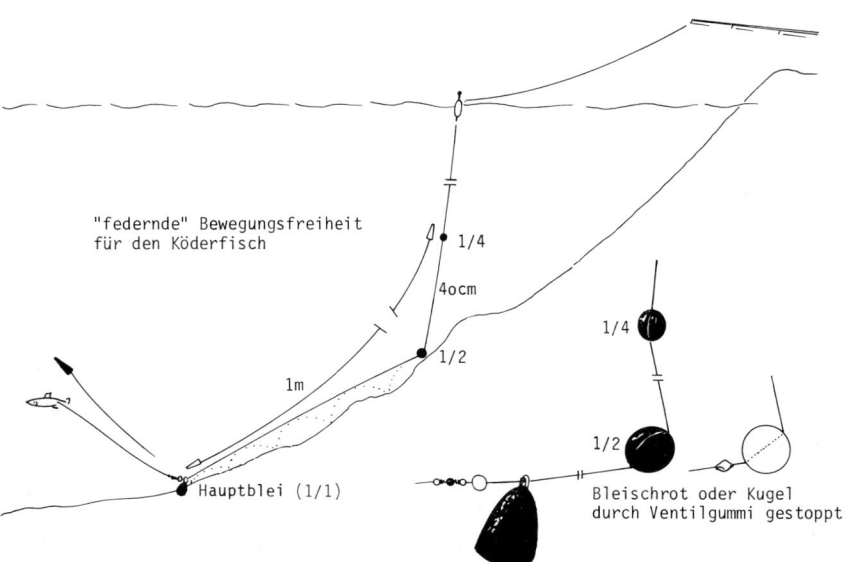

Abb. 39. Der verankerte Köderfisch

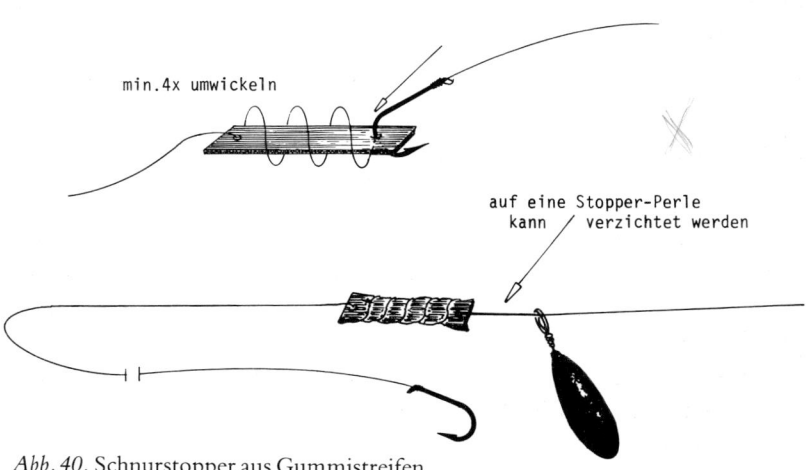

Abb. 40. Schnurstopper aus Gummistreifen

Zanderangel-Schnellmontage

Viele Angler benutzen gern eine durchgehende Schnur bis zum Haken, also ohne Vorfach. Oft wird sogar auf einen Wirbel verzichtet und das Laufblei nur mit einem Ventilgummistückchen gestoppt. Allerdings hat diese Montage einen kleinen Schwachpunkt, denn die Schnurschlinge im Ventilgummistopper ist bei starkem Drill mit dünner Schnur besonders bruchanfällig.

Soll dieses kleine Risiko ausgeschaltet werden, empfiehlt sich eine raffinierte Schnellmontage mit einem kleinen Gummistreifen als Stopper. Das Gummistück wird mit dem Haken von einer Seite her durchstochen, Haken und Schnur werden hindurchgezogen und vier- bis fünfmal um den Gummistreifen gewickelt. Zum Schluß sticht man den Haken am anderen Ende nochmals ein, zieht ihn mitsamt der Schnur vollends hindurch und befestigt durch beidseitiges Ziehen an den beiden Schnurenden den Stopper unverrückbar auf der Hauptschnur. In Abb. 40 ist der gesamte Vorgang ausführlich dargestellt.

Die Tragfähigkeit der Hauptschnur wird bei Benutzung dieses Stoppers nicht so stark beeinträchtigt wie bei Verwendung eines der üblichen Ventilgummistopper.

Zanderangeln ‚ohne alles‘

Zander lassen sich, wie dieses Buch beschreibt, auf viele verschiedene Arten beangeln. Eine der schönsten Möglichkeiten ist jedoch die Methode mit völlig unbelasteter Schnur, wie sie in diesem Kapitel beschrieben werden soll.

Zu empfehlen ist diese Art des Angelns für stehendes oder nur sehr langsam fließendes Wasser. Als Wurfgewicht dient lediglich der Köderfisch selbst, der nach dem Einwurf ins Fließgewässer schnell die ihm zusagende Tiefe erreichen wird, in der gewöhnlich auch die Zander auf Beute lauern. Einige Raffinessen kann man für das Fließwasserangeln noch einbauen, z. B. einige Meter Schnur

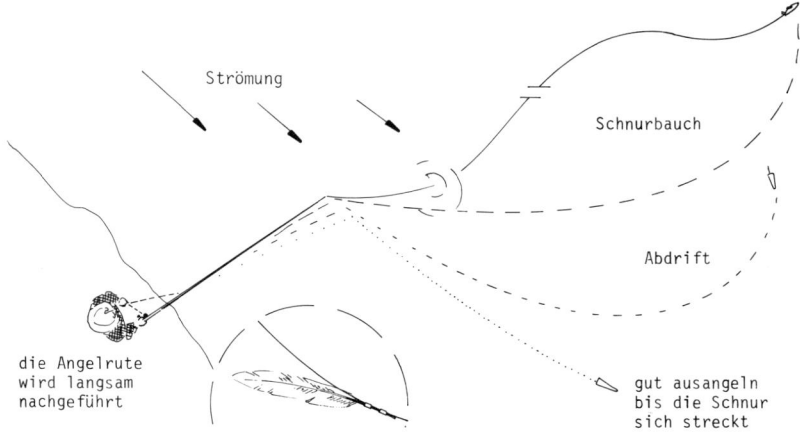

Abb. 41. Zanderangeln ‚ohne alles'

auslaufen lassen, sie dann stoppen und mit dem sich nun bildenden Schnurbauch nach Abb. 41 eine gute Abdrift des Köderfisches erreichen.

Allerdings geht es bei dieser Methode nicht ohne Hänger ab, weil der Untergrund unserer Gewässer schließlich nicht nur aus Sand besteht. Ein Vorfach mit etwas geringerer Tragfähigkeit als die Hauptschnur kann den Verlust von vielen Metern teurer Hauptschnur in Grenzen halten.

Diese Spürangel wird grundsätzlich in der Hand gehalten und nicht abgelegt. Ein Anbiß macht sich meistens durch kurzes, aber energisches Rütteln und Zucken bemerkbar. Schwimmt der Zander nach dem Anbiß stromauf oder in die Richtung des Anglers, wird die Schnur langsam schlaffer.

Der Anhieb folgt erst, nachdem die schlaffe Schnur durch vorsichtiges Aufkurbeln wieder den Kontakt zum Zander hergestellt hat.

Im Fließwasser ködert man zweckmäßig mit einem 8er oder 6er Rundbogenhaken hinter der Rückenflosse oder auch an der Lippe an. In stehenden Gewässern hat das Anbringen des Hakens hinter dem After an der Afterflosse Vorrang.

Eine weitere Variante dieser Methode besteht darin, eine Bißanzeigefeder an der Hauptschnur anzubringen (siehe Abb. 41). Mit

62

zwei Ventilgummistoppern wird sie auf der Hauptschnur in einer Entfernung vom Haken angebracht, die der doppelten Gewässertiefe am Angelplatz entspricht. Die Feder wird nun langsam mit der Strömung an der Oberfläche mitgenommen und gibt dort eine hervorragende Kontrolle über den Verbleib des Köderfisches.

Der Widerstand der Feder bei einem Anbiß ist unbedeutend, die optische Wirkung für den Angler oft entscheidend. Ein anbeißender Zander bemerkt bei Verwendung einer Feder als Bißanzeiger nichts.

Aus der Zanderköderkiste

Womit sind Zander zu fangen?

Schier unerschöpflich sind die Möglichkeiten, mit den verschiedensten Ködern auf Zander zu angeln. Dabei stehen Köderfische, ob sie nun lebend oder tot, eingefroren oder konserviert sind, an erster Stelle. Man kann sie im ganzen oder als Stücke, als Fetzen oder Streifen, als Haupt- oder Beiköder benutzen. Sie werden sowohl an der Posen- als auch an der Grundangel angeboten. Auch die Spinnangel und das Schleppfischen eignen sich, und als Haken kann man Drillinge oder Einfachhaken benutzen, ganz wie der Angler es möchte oder die Situation es erfordert.

Immer wieder wird versucht, die Vorschläge vieler Angelbuchautoren zur richtigen Größe der Köderfische durch Hinweis auf eigene Fänge mit besonders großen Köderfischen abzuwerten.

Auch die Autoren von Anglerbüchern haben solche Erfahrungen schon gemacht, aber sie bleiben die bekannte Ausnahme von der Regel. Und die Regel beim Zanderfang heißt, daß man mit Köderfischen bis zu einer Länge von etwa 12 cm die besten Erfolge haben wird. Kleiner dürfen die Fische immer sein, nach unten gibt es kaum eine Grenze, es sei denn, daß es schließlich Schwierigkeiten beim Anködern gibt.

Wer einen Überblick über alle möglichen Zanderköder gewinnen will, der sollte sich nachstehende Aufstellung einmal ansehen. Es wäre wirklich ein Wunder, wenn hier nicht der Köder genannt ist, auf den die Zander gerade beißen:

Aal, Aalstücke, halbe Jungaale, Aland, Barsch, kleine Brassen, Döbel, Elritze, Güster, Giebel, Gründling, Hasel oder Häsling, Karausche, Kaulbarsch, Karpfen, Schleie, Forelle, Mühlkoppe, Nase, Orfe, Quappe, Rotauge, Rotfeder, Renken, Stint, Stichling,

Schneider, Ukelei, Hering, Sardine, Sardelle, Sprotte und Makrele. Fischinnereien, Laichbeutelchen, Lachseier.

Achtung! Einige dieser Köder dürfen, da regional geschützt, nicht überall verwendet werden.

Weitere Köder, die je nach Größe einzeln oder gebündelt benutzt werden können:

Blutegel, Bienenmaden, Engerlinge, Garnelen, Kaulquappen, Krebse, Krabben, Larven, Libellen, Maikäfer, Muschelfleisch, Raupen, Schnecken.

Aus der Wurmkiste:

Blauköpfe, Erd-, Mehl-, Rot- und Tauwürmer.

Warmblutallerlei:

Blut, gestockt oder als Duftstoff, Bauchfleisch, Corned Beaf, Därme, rohes oder gekochtes anderes Fleisch, Leber, Lunge, Mark, Speck und Schwarte sowie Wurst als Streifen oder im Stück.

Außerdem die Kunstköder. Keine Schachtel zum Aufbewahren kann dafür groß genug sein. Zu den bevorzugten Kunstködern gehören:

Blinker, Devons, Spinner, Twister, Wackelschwänze, Wobbler, Jigs, Fliegen, Streamer, Pilker, Huchenzopf.

Dazu die Verlegenheitsköder, wie z. B.:

Silberpapierstreifen, Wollfäden, Garn, Lederstreifen, schmale Streifen aus Fahrradschlauch, Weichplastik.

Wer nicht wenigstens einen Teil der aufgeführten Dinge mit sich führt, kann eigentlich kein richtiger Angler sein. Natürlich kann es vorkommen, daß man eigentlich nicht angeln wollte, die Rute sich aber im Kofferraum des Wagens befindet und ein einladendes Gewässer zur Rast einlädt. Hier hilft mit Sicherheit ein Blick unter den nächsten angetrockneten Kuhfladen, unter Steine, Bretter oder dicke Baumäste, wenn sie nur schon lange genug dort liegen. Man findet mit Sicherheit einige der in der oben genannten Liste aufgeführten Köder und kann damit zumindest einen Köderfisch fangen. Bis zum Zander an der Angel ist der Weg dann nur noch halb so lang.

Einfache Fetzenködermontage

Seit jeher ist der Fetzenköder an der Spinnangel besonders erfolgreich beim Zanderfang. Manchmal reicht es schon aus, ihn lediglich am vorderen Ende mit dem Haken einzustechen und ihn dann langsam durchs Wasser zu ziehen. Bei einem Anbiß gibt man unverzüglich soviel Schnur, daß der Zander den Köder ungehindert verschlucken kann.

Zander beißen aber auch sehr gut auf Fetzenköder, die an der Posenangel angeboten werden. Hier ist es sicherer, den Haken soweit wie möglich zu verstecken. Es empfiehlt sich eine Montage nach Abb. 42: Zunächst wird der Haken durch die Spitze des Fetzens gesteckt und ein Stück Vorfach mit hindurchgezogen (a). Dann sticht man den Haken in das Fleischteil etwa in der Mitte des Fetzens (b) und zieht die Schnur danach stramm (c).

Der Zander spürt die herausschauende Hakenspitze kaum. Beim Anhieb jedoch kann die Hakenspitze ungehindert eindrin-

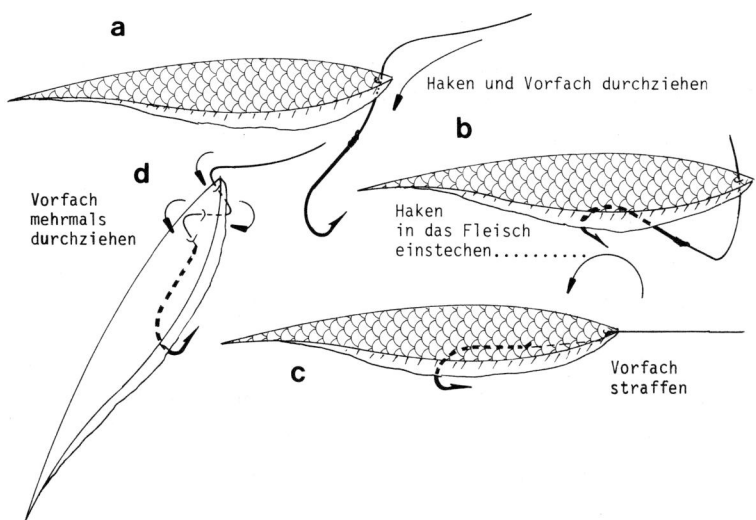

Abb. 42. Einfache Fetzenködermontage. a: Haken durchstechen und Vorfach durchziehen; b: Haken in das Fleisch einstechen; c: Vorfach straffen; d: Für Weitwürfe Vorfach mehrmals durchziehen

gen. Langschenklige Haken mit ungeschränkter Spitze eignen sich für den genannten Zweck besonders gut.

Für weite Würfe, die ein größeres Wurfgewicht erfordern, wobei sich der Fetzen möglicherweise vom Haken lösen kann, wählt man eine Anköderung des Fetzens nach Abb. 42 d. Hier wird der Haken im Vorderteil des Fetzens nicht nur einmal, sondern mehrmals durchgeschlauft und sorgt somit für besseren Halt beim Wurf. Wichtig bleibt immer der einwandfreie Sitz des Hakens mit aus dem Fleisch herausragender Hakenspitze.

Aale als Zanderköder

Wer nicht bereit ist, mit verschiedenen, auch weniger bekannten Ködern zu experimentieren, sondern nur auf ,Geheimtips' anderer wartet, wird möglicherweise lange warten können. Jeder Versuch mit einem anderen als den allseits bekannten Ködern kann aber den ,Fisch des Lebens' bringen. Einer dieser Köder ist der Aal, mit dem schon beachtliche Erfolge auf Zander erzielt worden sind.

Man kann ein Stückchen Aal auf Grund legen, mit der Posenangel abtreiben lassen oder es als Spinnköder benutzen, wie Abb. 43 deutlich macht. Wie ersichtlich, wird das Aalstück vorn abgeflacht und dann sorgfältig angebunden.

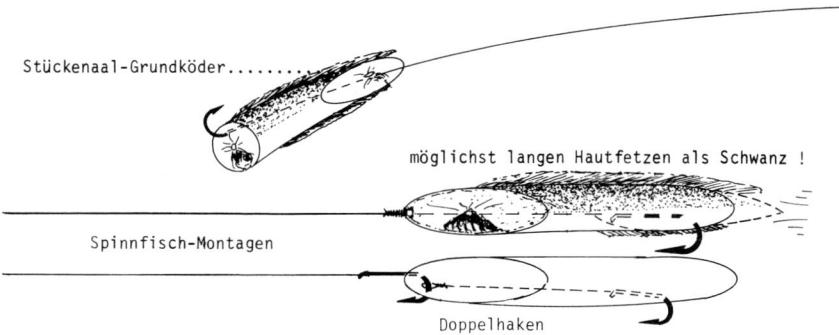

Stückenaal-Grundköder........

möglichst langen Hautfetzen als Schwanz !

Spinnfisch-Montagen

Doppelhaken

Abb. 43. Anködern von Aalstücken

Aalduft scheint Zander ganz besonders anzulocken. Vielleicht spielt die Nahrungskonkurrenz dieser beiden Bodenfische untereinander auch eine Rolle. Da aber auch Hechte einen Aal durchaus nicht verschmähen und schließlich auch Angler dem Aal besonders stark nachstellen, gibt es eben nur einen einleuchtenden Grund, nämlich den guten Geschmack der Aale.

Alte Berufsfischer wissen ebenfalls von der Wirksamkeit des Aalköders zu berichten. Besonders beim nächtlichen Wallerfang mit Leinen wurden oft Aalstückchen als Köder benutzt, und nicht selten ging dabei auch ein kapitaler Zander an diesen Köder.

Ein weiterer Pluspunkt für die Verwendung von Aalködern ist die Zähigkeit der Haut. Dadurch sind außerordentlich weite und harte Würfe möglich. Ein Nachteil des Köders ist es, daß wir uns so schlecht von ihm trennen können, besonders, wenn er schon geräuchert ist.

Stinte sind sehr gute Zanderköder

Einer der besten Köder für Zander ist leider nicht überall erhältlich. Aber im Küstengebiet Norddeutschlands wird man keine großen Schwierigkeiten haben, Stinte als Köder zu besorgen. Der Stint erweist sich sowohl lebend als auch tot als ein sehr guter Zanderköder, und in Gewässern, in denen er zusammen mit dem Zander vorkommt, ist er dessen Hauptnahrungsfisch.

Wegen ihres sehr intensiven Duftes nach Gurken kann man Stinte auch zum Anfüttern, und zwar zerstückelt, benutzen. Als Köder dient ein ganzer Stint. Es empfiehlt sich, die toten Stinte an warmen Tagen ein wenig zu salzen, um ihre Haltbarkeit zu erhöhen. Außerdem lassen sich diese Fische auch problemlos einfrieren.

Obwohl man schneller an Stinte kommt, wenn man sie bei einem Fischhändler, einem Berufsfischer oder auf dem Markt kauft, gibt es für den Angler natürlich auch die Möglichkeit, diese Fische zu angeln, sofern sie im Gewässer vorkommen. Eine Paternosterangel mit vielen Kleinsthaken ist das richtige Gerät dafür. Beködert wird z. B. mit Krebsfleisch, Mücken, Fliegen, Fisch- oder Muschelfleisch, wobei die Schnurstärke etwa 0,1 mm betragen sollte (siehe Abb. 44).

Auch mit künstlichen Kleinstinsekten an der Flugangel, ferner mit Nymphen, aber auch mit der Mormyschka kann der Fang von Stinten jederzeit glücken. Wie immer man sich aber Stinte beschaffen mag, ein unübertrefflicher Köder ist dem Angler mit ihnen auf jeden Fall sicher.

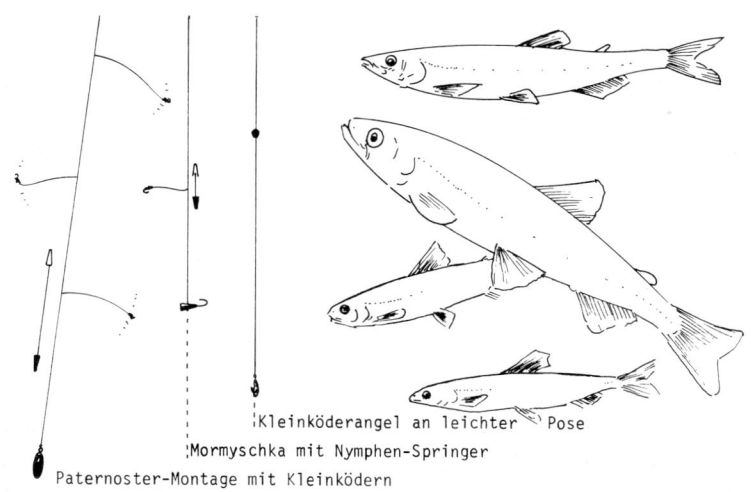

Kleinköderangel an leichter Pose
Mormyschka mit Nymphen-Springer
Paternoster-Montage mit Kleinködern

Abb. 44. Paternosterangel zum Stintangeln

Tote Fische und Fischfetzen als Köder

Wohl bei keiner anderen Fischart ist die Verwendung von Fetzenködern oder von toten Fischen so erfolgreich wie beim Zander. Tatsächlich scheint er derartige Happen nicht nur aus Bequemlichkeit gut anzunehmen, sondern auch deshalb, weil von ihnen ein intensiver Geruch ausgeht. Dadurch ist es möglich, Zander durch Einwerfen von Fischstückchen anzulocken, wie ja auch andere Fische durch Einwerfen ihnen zusagender Köder angelockt werden

69

können. Leider hat die Sache einen Haken, denn wie jeder zugeben muß, ist es schon ein Unterschied, ob man Paniermehlballen als Lockköder benutzt oder schnell verwesendes Fischfleisch.

Das Anfüttern mit Fischstückchen hat nur dort Sinn, wo Zander ohnehin vorkommen. Leider erscheinen zunächst die Jungzander in größeren Mengen an solchen Plätzen, so daß auch dieser Umstand zu beachten ist. Bleibt noch anzumerken, daß durch vorzeitige Sättigung der Fangerfolg beeinträchtigt werden kann, denn Zander haben einen kleineren Magen als Hechte. Da auch der Gedanke der Umweltverschmutzung bei diesen Überlegungen eine große Rolle spielen muß, kann man im Rahmen dieses Buches auf einen Hinweis hinsichtlich der Möglichkeit des Anfütterns zwar nicht verzichten, sollte das Anfüttern aber auch nicht als unentbehrlich empfehlen.

Tatsache bleibt jedoch, daß Zander auf Fetzen wie auf tote Fische, als Ganzes oder gestückelt, sehr gut reagieren. Deshalb sollten diese Köder entsprechend nachfolgender Empfehlungen möglichst oft verwendet werden. Das gilt sowohl für die Posenangel als auch für das Grundangeln oder die Spinnangel.

Als Fetzenköder eignet sich sehr gut ein Schwanzstück von Rotauge, Ukelei oder anderen Fischen. Man schneidet das Schwanzstück schräg an, um möglichst schlanke, gut verzehrbare Formen an den Haken bringen zu können. Das Anködern mit Hilfe eines Drillinghakens und eines Bleigewichts zeigt Abb. 45. Auf ihr ist auch dargestellt, wie man einen ganzen Köderfisch mit Hilfe einer Ködernadel so auf die Schnur bringt, daß der Drilling vorn am Fischmaul herausschaut. Viele Angler ritzen den Köderfisch zusätzlich noch mit dem Messer ein, um eine verstärkte Duftwolke zu erzielen.

Wie aus den verschiedenen Kapiteln dieses Buches bereits zu ersehen ist, macht der Angler bestimmt einen Fehler, wenn er nur deshalb auf das Zanderangeln verzichtet, weil er gerade keine lebenden Köder hat. Eine Tiefkühltruhe mit entsprechendem Inhalt als Voraussetzung der hier empfohlenen Angelmethoden kann so manchen Angeltag zu einem Erfolgserlebnis werden lassen. Nur zuzuschauen, wie andere Angler Zander fangen, macht auf die Dauer bestimmt keinen Spaß.

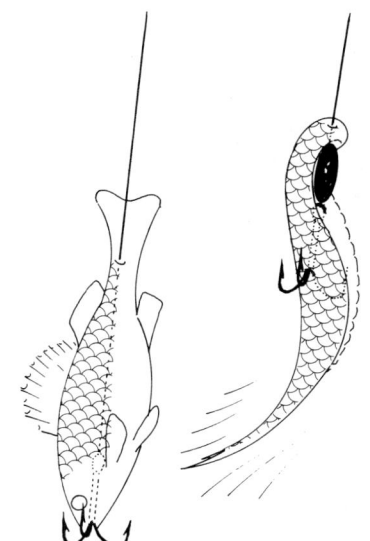

Abb. 45. Anködern von Fetzenködern oder toten Fischen an Drillinghaken

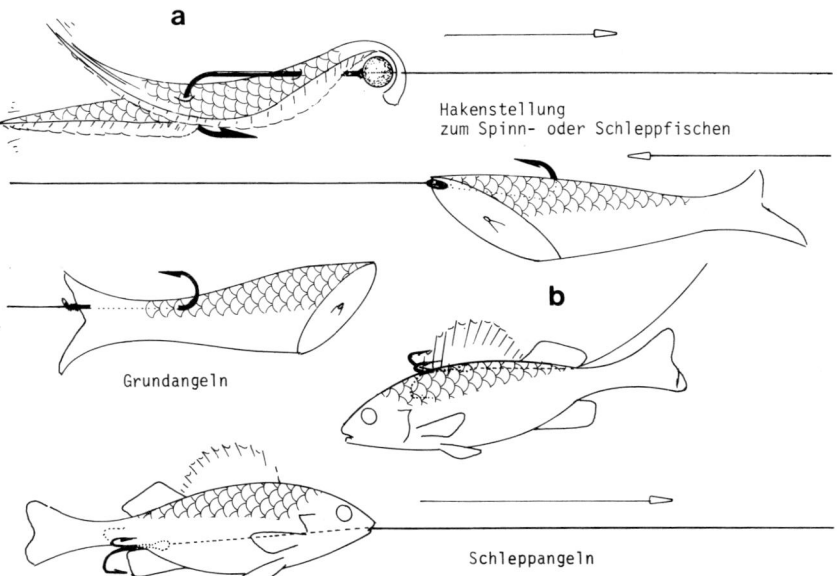

a

Hakenstellung
zum Spinn- oder Schleppfischen

Grundangeln

b

Schleppangeln

Abb. 46. Anködern zum Spinn-, Grund- oder Schleppfischen. a: Fetzenköder und Fischschwanz; b: Toter Köderfisch

71

Auch das sogenannte Zocken auf Zander mit dem toten Köderfisch kann sehr erfolgreich sein. Allerdings ist der Anhieb beim geringsten Verdacht auf einen Anbiß sofort zu setzen. Zum Spinnfischen kann man auch sehr gut zwei schmale Fetzen (Abb. 46a) benutzen. Dieser Doppelköder bewegt sich im Wasser noch besser als nur ein einzelner Fetzen am Haken.

Der Phantasie sind beim Anködern keine Grenzen gesetzt, und deshalb zeigt Abb. 46b noch einige weitere Möglichkeiten zum Anködern von Fischfetzen, Fischstücken oder ganzen toten Fischen für Grund-, Spinn-, Posen- oder Schleppangel.

Gewarnt werden muß aber vor dem Gebrauch hakenstrotzender Ungetüme. Je mehr Haken ein Köder besitzt, um so schneller wird er im Wasser auch ein Hindernis finden, an dem er hängenbleibt. Zwei Haken sind schon mehr als genug, und ein Drilling reicht völlig aus. Es ist besser, einen Zander vom Haken zu verlieren, als ihn mit Haken zu verlieren. Daran sollte jeder bei der Montage seines Gerätes denken. Dies gilt übrigens auch für andere Fischarten, nicht nur für den Zander.

Abb. 47. Mit Brot im Setzkescher kann man nicht nur Köderfische fangen

Zander anlocken?

Lebendköder im Plastikbeutel und anderes

Obwohl das Anlocken von Zandern besonders mit toten Ködern gewisse Probleme bringt, wie sie im Kapitel ‚Tote Fische und Fischfetzen als Köder' bereits angesprochen wurden, sollen hier dennoch einige Methoden vorgestellt werden. Es bleibt dem Angler überlassen, ob er sie anwenden will oder nicht.

An Stellen mit größeren Kleinfischschwärmen tauchen besonders frühmorgens und spätabends Zanderrudel auf, um sich zu laben. Köderfische, die man an diesen Plätzen fängt und danach hältert, eignen sich vorzüglich zum Anlocken der Zander, wenn das Hältern in durchsichtigen Plastikbeuteln geschieht, wie in Abb. 48 zu sehen.

Um genügend Sauerstoff in den Beutel gelangen zu lassen, steckt man in die Öffnung der Beutel eine Handvoll Plastikhalme.

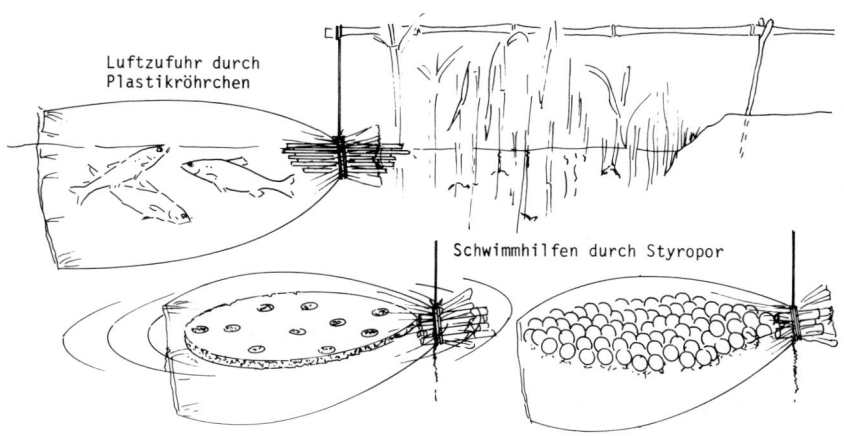

Abb. 48. Lebendköder im Plastikbeutel

74

Noch besser ist es, mit einem Locher eine größere Anzahl kleiner Löcher in die Beutel zu stanzen. Damit die Beutel im Wasser nicht zusammenfallen, schneidet man aus einer Styroporplatte ein der Größe der Beutel angepaßtes Stück heraus. Diese Styroporplatte verhindert außerdem, daß der Beutel im Wasser zu Boden sinkt. Der Beutel läßt sich auf verschiedene Weise am Angelplatz befestigen. Eine Möglichkeit ist ebenfalls aus Abb. 48 zu ersehen.

Beim Auftauchen von Zandern bei den Beuteln wird Bewegung sichtbar, und nun ist es höchste Zeit, einen Köderfisch an leichter Posenangel einzubringen. Nicht selten gelingt es dann, einen mehr oder weniger großen Teil des Zanderrudels auf die Schuppen zu legen. Die üblichen Vorsichtsmaßnahmen beim Angeln im Flachwasserbereich müssen allerdings beachtet werden.

Wichtig für den Angler ist und bleibt bei dieser Methode die richtige Wahl der Angelstelle, an der die Beutel ausgelegt werden. Wo keine Futterfischschwärme einen Hinweis geben, hält der Angler Ausschau nach Plätzen, an denen versunkene Bäume oder Äste im Wasser liegen. Auch Uferbefestigungen mit sehr tief hinabreichender Steinschüttung bieten sich als Fangplatz an.

Der Zander ist entgegen früheren Meinungen kein ausgesprochener Tiefenfisch. Er steht zwar tagsüber gern im tiefen Wasser, aber vornehmlich nachts, abends und morgens sucht er die flacheren Teile des Gewässers auf, um nach Nahrung zu jagen. Durch Einwurf von Lockfutter über einen längeren Zeitraum hinweg lassen sich Köderfische an Plätze locken, an denen zuvor niemals ein Zander gefangen worden ist. Das sind in diesem Falle sogar Stellen, die wegen ihres Untergrundes von Zandern sonst nicht aufgesucht werden.

Eine weitere Methode, Zander anzufüttern, besteht in der Montage eines Futterbehälters direkt auf der Hauptschnur. Dazu eignen sich sowohl die bekannten Futterspiralen aus locker gewickeltem Stahldraht mit Bleieinlage oder die von der Firma DAM angebotenen Futterbehälter aus Plastik. Durch Einbringen einer Mischung von Paniermehl mit Maden in den Futterbehälter werden Kleinfische in unmittelbare Nähe des Zanderköders gelockt. Mit den Kleinfischen kommen auch die Zander. Daß sie den angeköderten Fisch auch nehmen, kann allerdings nicht garantiert werden. In

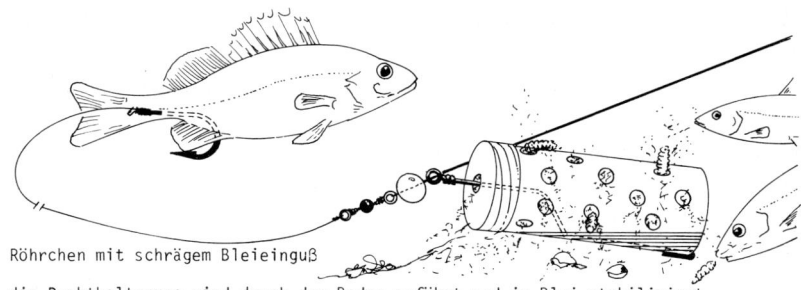

Röhrchen mit schrägem Bleieinguß

die Drahthalterung wird durch den Boden geführt und im Blei stabilisiert

Abb. 49. Anlocken von Kleinfischen mit Futterbehälter

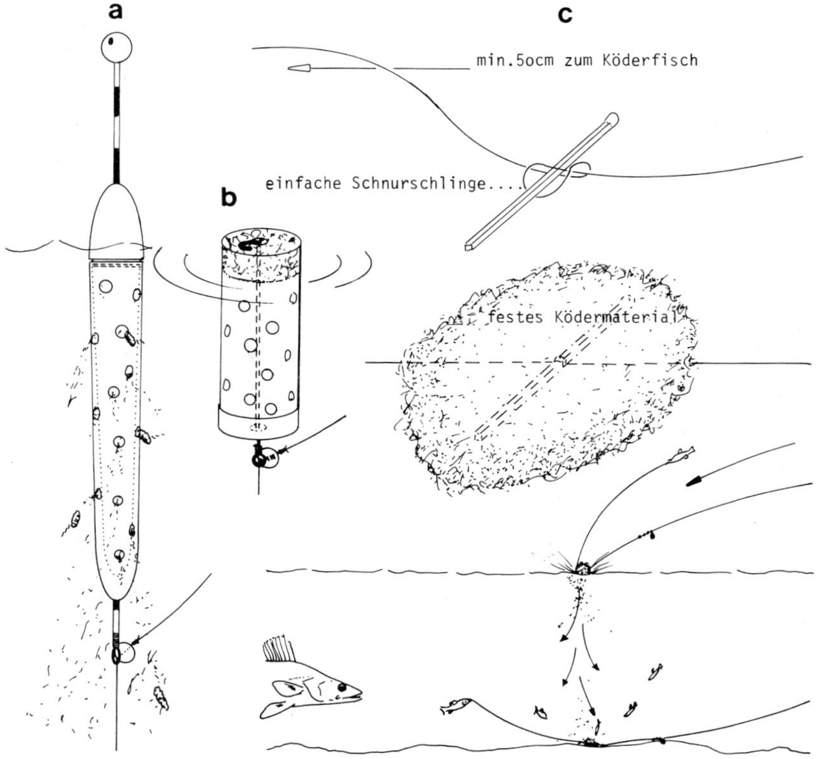

a

c

min. 5ocm zum Köderfisch

einfache Schnurschlinge....

b

festes Ködermaterial

Abb. 50. Methoden zum Anlocken von Kleinfischschwärmen. a: Mit Madenpose; b: Futterbehälter ohne Bleigewicht, als Madenposenersatz; c: Streichholz zur Aufnahme eines Köderballens

Abb. 49 sieht man das Ganze noch einmal aus der Zanderperspektive. Eine weitere Methode zum Zanderanlocken wird hauptsächlich beim Angeln mit der Pose angewendet. Allerdings handelt es sich hier nicht um eine normale, sondern um eine durchlochte Madenstreupose, wie sie auf Abb. 50a zu sehen ist. Derartige Posen brauchen nicht extra angefertigt zu werden. Sie sind im Handel erhältlich.

Wer beim Händler nicht fündig wird, kann aber auch das bereits genannte Anfütterungsröhrchen von DAM zur Pose umfunktionieren. Man entfernt das Bleigewicht und bringt statt dessen eine Styroporscheibe hinein, wie Abb. 50b zeigt. Dadurch erhält das Röhrchen genügend Auftrieb, um nun als Pose sowohl Maden als auch Paniermehl nach unten zum Grund purzeln zu lassen und dort Kleinfische und im Gefolge Zander anzulocken.

Zusätzlich zum Futterröhrchen als Pose kann der Angler etwa 60 cm über dem Haken noch einen Köderballen aus festgeknetetem Paniermehl anbringen. Damit er an der Schnur hält, schlauft man nach Abb. 50c ein Streichholz in die Schnur und formt darüber den Köderballen. Wer den vielen käuflichen Duftstoffen zugetan ist, kann den Köderballen zusätzlich noch mit seinem Vorzugsduft präparieren.

Eine von erfahrenen Anglern oft praktizierte Anfütterungsmethode soll hier ebenfalls noch genannt werden. Sie besteht im Einwerfen eines in Dosen erhältlichen Hunde- oder Katzenfertigfutters am Angelplatz. Die starke Duftfahne lockt ebenfalls allerlei Kleinfische und in deren Gefolge die Raubfische an.

Beim Einwerfen von Futter muß die Stärke der Strömung im Fließwasser stets berücksichtigt werden. Ist die Strömung so stark, daß das Futter weggeschwemmt wird, hat diese Anfütterungsmethode keinen Sinn.

Wie aus den bisherigen Erläuterungen hervorgeht, sind Möglichkeiten zum Anlocken von Zandern reichlich vorhanden.

Lehmlockköder als Wurfgewicht

Steht zum Werfen auf größere Entfernung nicht genügend Wurfgewicht in Form eines Birnenbleies zur Verfügung, kann das Bleigewicht durch Einkneten in einen Lehmballen erhöht werden. Dadurch entfällt das Auswechseln des leichten Bleies gegen ein schweres Blei (siehe Abb. 51 a). Beim Angeln über Steinschüttungen mit der Gefahr eines Festhängens des Bodenbleies zwischen den Steinen wird das Blei völlig weggelassen und dafür am Wirbel mit Hilfe der Wirbelöse ein dünnes Hölzchen montiert. Wie Abb. 51 b zeigt, wird dieses Hölzchen ebenfalls mit einem Lehmballen umknetet.

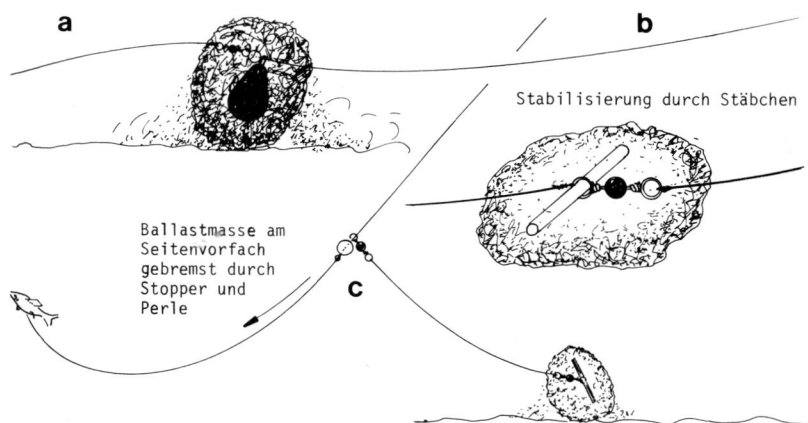

Abb. 51. Lehmlockköder. a: Befestigung am Birnenblei; b: Mit Hilfe eines kleinen Hölzchens; c: Köderballen am Seitenvorfach

Eine andere Art der Montage zeigt Abb. 51 c. Hier kommt der Lehmballen an ein Seitenvorfach und verhindert ebenfalls, daß sich ein gewöhnlich montiertes Blei zwischen Steinen festsetzen kann.

Es bleibt dem Angler überlassen, aus dem beschriebenen Lehmwurfgewicht durch Zugabe z. B. von Paniermehl einen Lehmlockköder zu machen.

Spinnfischen auf Zander

Kunstköder

Der Zander ist als Raubfisch für das Spinnfischen wie geschaffen und steht Hecht und Barsch darin kaum nach. Nur die Führungstechniken der verschiedenen Kunst- oder Naturköder sind unterschiedlich.

Grundsätzlich lassen sich Zander mit fast allen Kunstködern wie Wobbler, Spinner und Blinker fangen. Da überwiegend in der Tiefe gefischt wird, muß sich der Angler bei der Auswahl der Köder danach richten. Oberflächenköder oder besonders flach laufende sind nicht zu empfehlen. Außerdem sollte die Eigenbewegung des Kunstköders nicht zu groß sein. Blinker sind daher in der Regel fängiger als Spinner.

Blinker und Spinner läßt man zunächst bis zum Grund hinabsinken und beginnt erst dann mit dem Einkurbeln. Die Führungsgeschwindigkeit des Köders ist dabei von ausschlaggebender Bedeutung. Der Köder muß überdies sehr bodennah geführt werden, wenn er überhaupt einen Zander zum Anbiß verführen soll.

Besonders geeignet und für das Zanderspinnangeln schon fast gefährlich sind die von verschiedenen Firmen angebotenen Weichplastikköder. Der ‚Mister Twister' von DAM ist inzwischen weitbekannt. Die Wackelschwänze, wie sie auch genannt werden, bestehen aus einem Bleikopf mit daran befestigtem beweglichen Hinterteil. Durch die besondere Konstruktion dieses Hinterteiles kommt es, wenn der Köder durchs Wasser gezogen wird, zu schwänzelnden Bewegungen. Der Haken ist meistens fest mit dem Bleikopf verbunden und dient mit seinem Schaft zugleich als Halter für den Wackelschwanz. Es gibt diesen Köder in allen möglichen Farben und verschiedenen Größen. Dabei hat sich die Farbe Gelb als besonders erfolgreich beim Zanderfischen erwiesen. Mr. Twi-

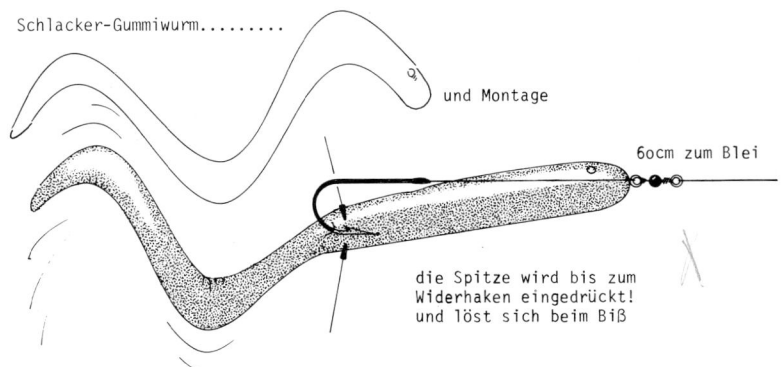

Schlacker-Gummiwurm.........

und Montage

6ocm zum Blei

die Spitze wird bis zum
Widerhaken eingedrückt!
und löst sich beim Biß

Abb. 52. Schlacker-Gummiwurm mit separatem Bleigewicht

ster ist inzwischen so erfolgreich, daß gewiß schon Überlegungen angestellt werden, ihn zu verbieten.

Wer mit Brotteig bisher erfolglos geangelt hat, wird beim Benutzen der heute manchmal schon verpönten Maden nicht gleich zum Weltmeister aufsteigen, und wer mit herkömmlichen Blinkern bisher erfolglos geblieben ist, wird nach dem Anködern eines Wackelschwanzes sicher keinen größeren Fischbeutel kaufen müssen.

Inzwischen gibt es von verschiedenen anderen Firmen ähnliche Gebilde, teilweise waren sie auch schon vor dem Mr. Twister vorhanden. Gerade in Amerika werden zum Fang der Schwarzbarsche Weichköder aus ‚Schlackergummi' benutzt, wie in Abb. 52 dargestellt.

Im Gegensatz zu den bei uns angebotenen Wackelschwanzködern wird der amerikanische ohne Bleikopf benutzt und die Beschwerung in Form einer Bleikugel etwa 60 cm vor dem Kunststoffwurm an der Hauptschnur angebracht. Dieser Köder wird streckenweise sehr schnell geführt, dann wieder langsamer, damit er zu Boden sinken kann und gelegentlich auch über den Grund holpert, damit er kleine Partikel aufwirbelt und dadurch die Raubfische zum Anbiß reizt. Auch plötzliches Wiederanheben vom Grund dient dem gleichen Zweck, weil auf diese Weise ein fliehendes Fischchen imitiert wird.

Mister Twister wird ähnlich geführt, und da der Köder sehr weich ist und daher im ersten Moment nach dem Anbiß nicht als Kunstobjekt erkannt wird, besteht bei einem Fehlbiß im Gegensatz zu harten Metallkunstködern immer die Möglichkeit, daß der Köder erneut angegriffen wird.

Zum Spinnfischen mit rotierenden Ködern bis etwa 15 g sind Schnurstärken bis zu etwa 0,22 mm Durchmesser günstig. Bei Ködergewichten bis 25 g erhöht sich die Schnurstärke bis etwa 0,25 mm.

Wackelschwänze aller Art laufen am besten bei Schnurstärken zwischen 0,22 bis 0,28 mm, je nach Größe und Gewicht des einzelnen Köders.

Bei der Verwendung von Blinkern (Effzet u. ä.) wird meistens die Schnurstärke 0,30 mm gewählt. Wobbler verlangen Schnüre, die sich möglichst wenig dehnen, und Schnurstärken, die den unvermeidlichen Hängern bei Verwendung dieser Köder angepaßt sind. Immerhin sind bisweilen sogar mehrere Drillinghaken am Wobbler befestigt, und da er gern in der Nähe von Krautfeldern benutzt wird, ist eine Schnurstärke von 0,35 mm in diesem Falle angebracht.

Ein dünnes Stahlvorfach ist in Gewässern mit Hecht- und Zanderbesatz immer angebracht. Ein abgerissener Wobbler mit drei Drillingen im Maul eines Hechtes sollte bei der Montage des Gerätes in alle Überlegungen hinsichtlich seiner Fängigkeit immer mit einbezogen werden. Es ist eine bekannte Tatsache, daß sich Kunstköder den Raubfischen am unverfänglichsten ohne Zwischenschaltung eines Stahlvorfaches anbieten lassen. Das härtere Material des Stahlvorfaches führt dazu, daß Kunstköder sich nicht so im Wasser bewegen, wie es von ihren Konstrukteuren gedacht war. Es gibt inzwischen aber sehr gute Stahlvorfächer mit sehr geringen Durchmessern, die die genannten Nachteile nicht so augenfällig aufweisen.

Bei kleinen Spinnern an dünner Schnur ist selbst die Verwendung eines Wirbels zum Befestigen des Spinners von Übel. Durch sein Gewicht am Vorderteil des Köders verhindert er, daß die dem Köder mitgegebenen Laufeigenschaften voll zur Geltung kommen. Leider kommt es bei Nichtbenutzung des Wirbels auch zu den gefürchteten Schnurverdrehungen. Diese lassen sich nur entfernen, wenn der Angler von einem Boot aus die Schnur in der bisher benutzten Länge ohne jegliches Beiwerk ins Wasser ablaufen läßt und eine Weile hinter dem Boot herzieht. Wer auf Wirbel nicht verzichten will, sollte sie so klein wie nur irgend möglich wählen und nicht solche Monster anbinden, die größer als der Spinnköder sind.

Besonderes Augenmerk muß den Haken der Kunstköder gewidmet werden, die ja in der Regel mehr Steine, Äste oder Muscheln als Zander haken. Durch den Umgang mit diesen harten Dingen sind sie oft im entscheidenden Augenblick nicht mehr scharf genug, und schon ist er weg, der schöne Zander. Schließlich ist das Zandermaul bekannt für seine Widerstandsfähigkeit gegenüber Haken, die darin fassen wollen.

Ein Hakenschleifstein gehört deshalb in jede Ausrüstung, und sein Gebrauch vor dem Einsatz des Kunstköders ist nahezu Pflicht. Man fängt im Innenbogen des Hakens mit dem Schleifen an, also von der Hakenspitze aufwärts bis zum Widerhaken. Danach schleift man beide Seiten der Hakenspitze so, als sollte eine dreieckige Spitze hergestellt werden.

Ein Haken, der in dieser Art behandelt wurde, dringt nun sehr leicht auch in das harte Zandermaul ein und vermindert dadurch die Gefahr, daß der Haken nach dem Anbiß wieder ausschlitzt, weil er nicht tief genug eindringen konnte.

Mehr als einmal sollte der Haken aber nicht nachgeschliffen werden. Besser ist es, immer einige Ersatzdrillinge im Gerätekasten zu haben. Man bewahrt sie am besten auf einem entsprechend großen Stück Styropor auf, in das sie mit dem Hakenschaft voran so tief eingedrückt werden, bis die Hakenspitzen keinen Schaden mehr anrichten können.

Abb. 53. Zander im Drill

Spinnfischen mit dem Doppelhaken-Fetzenköder und ganzen Köderfischen

Langgestreckte Fetzen- oder Filetköder gelten beim Spinnfischen auf Zander als besonders fängig. Das Problem dabei ist, auch nach dem ersten Wurf mit diesem Köder noch einen torkelnden, langsam durchs Wasser gleitenden Köderfisch vortäuschen zu können. Denn meistens sieht der Köder nach diesem ersten Wurf so aus, wie es Abb. 54a zeigt. Durch die Fliehkraft beim Wurf liegt der Köder nach dem Wurf zusammengequetscht in der Hakenkrümmung.

Abhilfe kann auf verschiedene Weise geschaffen werden. Einmal dadurch, daß man den Köder aufs Vorfach zieht und dann vor dem Hakenplättchen oder der Hakenöse mit einer dünnen Schnur sorgfältig an die Hauptschnur bindet. Eine zweite Möglichkeit ist die Verwendung eines zweiten Hakens. Wie Abb. 54b zeigt, bringt man das Öhr des zweiten Hakens über die Hakenspitze des ersten

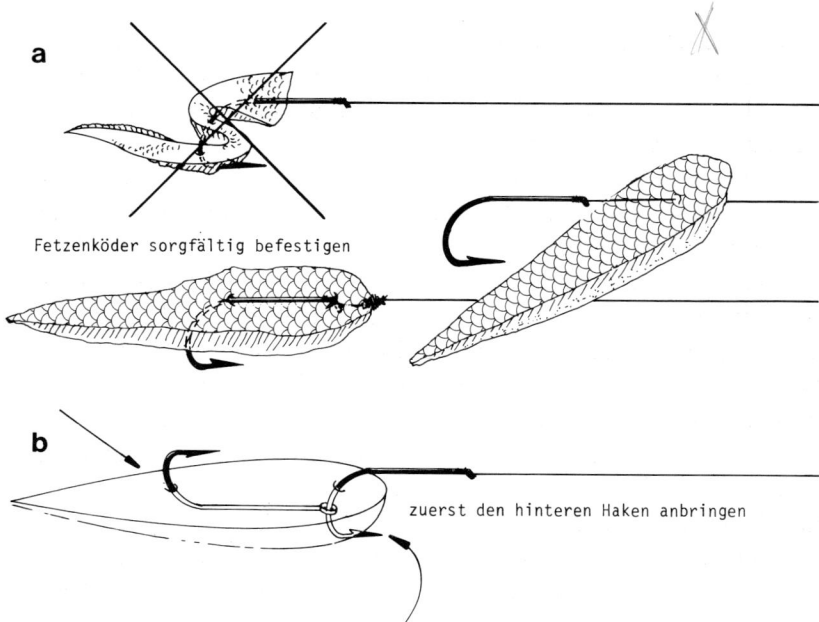

Abb. 54. Fetzenködermontage. a: Mit einem Haken; b: Mit zwei Einfachhaken

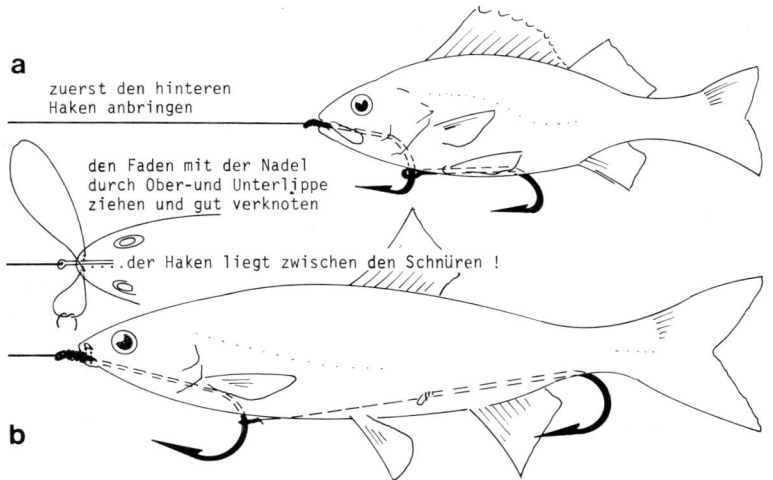

Abb. 55. Anködern eines toten Köderfisches. a: Zwei Einzelhaken mit Öhr verbunden; b: Zwei Einzelhaken mit Schnurstück verbunden

Hakens, nachdem der zweite Haken zuvor durch das Filetstückchen gesteckt wurde. Bei dieser Anköderungsmethode schaut also eine Hakenspitze aus der Unterseite des Köders, die andere hingegen aus der Oberseite des Köders heraus.

Kleinere Köderfische können auf die gleiche Weise angeködert werden (Abb. 55a). Angelt man mit längeren Köderfischen, wie z. B. mit den sehr fängigen Ukeleis, lohnt sich eine nach Abb. 55b vorgenommene Montage. Dabei wird der hintere Haken mit einem kurzen Stück Schnur versehen, das mit Hilfe einer Ködernadel durch den Fisch gezogen und dann im Hakenbogen des ersten Hakens befestigt wird. Auch hierbei ist wieder besondere Sorgfalt geboten. Das Fischmaul über der Öse des ersten Hakens muß zugebunden und mit dem Rest der Schnur am Hakenschenkel befestigt werden. Durch diese Behandlung sind mehrere Würfe mit dem gleichen Köder möglich.

Nun ist ein solcher Köder jedoch nicht nur für Zander eine attraktive Beute. Auch Hechte werden ihn nicht verschmähen. Schlägt der Angler nach einem vermuteten Anbiß sofort an, wird er auf ein Stahlvorfach verzichten können. Will er aber das Schluk-

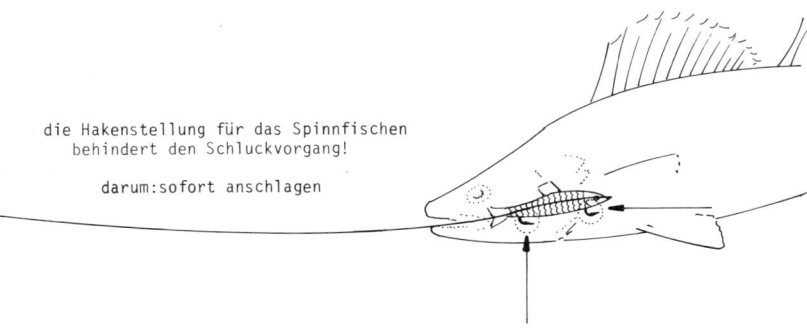

die Hakenstellung für das Spinnfischen
behindert den Schluckvorgang!

darum:sofort anschlagen

Abb. 56. Hakenstellung im Köderfisch behindert den Zander beim Schlucken

ken abwarten, ist ein Stahlvorfach unumgänglich. Auch Angler, die von sich behaupten, noch niemals einen Hecht beim Drill verloren zu haben, obwohl sie niemals ein Stahlvorfach benutzten, sollten ihre Erinnerungslücken mit einem Stahlvorfach ausfüllen.

Besonders Hechte, aber auch Zander schlucken den Beutefisch gern mit dem Kopf voran. Dadurch stehen die Haken des benutzten Köders beim Anschlag in der verkehrten Richtung und können nicht greifen (Abb. 56). Auch aus diesem Grund ist sofortiges Anschlagen nach dem Anbiß zu empfehlen.

Phantasie und Sorgfalt, Raffinesse und Geschick sind das ‚A' und ‚O' beim Spinnfischen mit Fetzen- oder ganzen Ködern. Einen Köder nur einzuwerfen und ihn dann wieder an Land zu kurbeln, wäre reiner Zeitvertreib und hätte mit erfolgreichem Zanderangeln nichts zu tun.

Zander lieben die Jagd auf verletzte oder bequem zu erreichende Beute. Sie greifen torkelnde, taumelnde, langsam oder verängstigt schwimmende Fischchen überraschend hart an. Dabei sind sie dann nicht besonders wählerisch hinsichtlich der Art ihrer Beutefische, so daß es meistens keine große Rolle spielt, welche Fischart der Angler in dieser Raubphase gerade am Haken hat. Die Regel beim Spinnfischen mit Fetzen- oder ganzen toten Köderfischen lautet daher: zum Grund absinken lassen, kurz angedeutete Flucht, nicht zu hoch über dem Grund, torkelnd absinken lassen, ein kleines Stück über den Boden ziehen, und dann alles wieder neu beginnen. Man sollte diese Art der Köderführung üben und immer wieder kontrollieren. Nur dann läßt sich Erfolglosigkeit auf die Dauer überwinden.

Beim Spinnfischen gilt immer noch die Regel, daß der Angler an vermuteten Standplätzen von Raubfischen besser viele Würfe machen sollte, statt ein mehrere Kilometer langes Uferstück nur oberflächlich zu beangeln.

Lockköder-Spinnfischen

Die Erfolgsquote beim Spinnfischen mit Fetzenködern kann durch zusätzlich an das Vorfach gebrachte Lockköder noch erhöht werden. Das Benutzen vorgeschalteter Spinner oder Blinker nach Abb. 57 a ist immer von Vorteil.

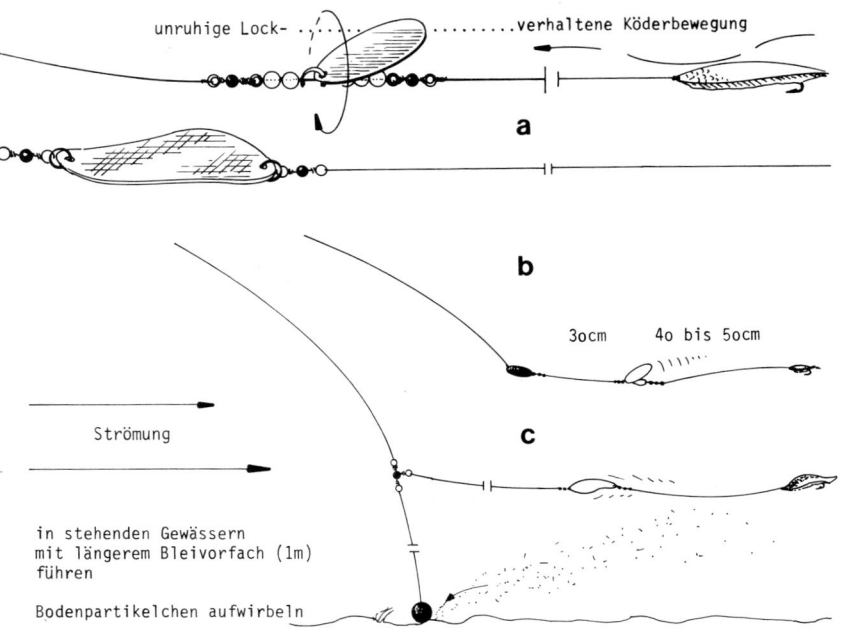

Abb. 57. Lockköder-Spinnfischen. a: Spinner mit Fetzenköder; b: Mit vorgeschaltetem Bleigewicht; c: Mit Bleigewicht am Vorfach zum Aufwirbeln von Bodenpartikeln

Es werden mindestens zwei Wirbel montiert, damit der Fetzen-köder nicht ebenfalls zur Drehung angeregt wird. Außerdem blei-ben die Haken an diesen zusätzlich befestigten Lockködern weg. Beim Fischen in Fließgewässern kann noch zusätzlich ein klei-nes Bleigewicht vor dem Lockköder angebracht werden (Abb. 57 b). Dadurch wird es möglich, den Köder in der Strömung an einem bestimmten Platz festzuhalten und ihn nur durch die Strö-mungsbewegung des Wassers spielen zu lassen.

In stehenden Gewässern wird man den Köder hingegen über-wiegend bewegen müssen, um die zusätzlich montierten Lockkö-der in Bewegung zu halten. Hier ist es vorteilhaft, das Bleigewicht an das Ende der Hauptschnur zu bringen (Abb. 57 c). Bei dieser Montage ist es möglich, durch Heranziehen des Köders über den Grund die bereits mehrfach besprochene Partikelwolke zu erzeu-gen, auf die Raubfische jeder Art positiv reagieren.

Die geschilderte Montageart läßt sich auch umkehren. Statt ei-nen Kunstköder als Lockköder vor dem Naturköder zu montieren, kann man einen Spinner z. B. auch mit einem Naturköder garnie-ren und dadurch die Fangaussichten verbessern. Will man einen Wurm als Lockköder zum benutzten Spinner anködern, tauscht man den Drilling am Spinner gegen einen langschenkligen Ein-fachhaken mit Öhr aus (Abb. 58).

Abb. 58. Kombination aus Kunst- und Naturköder

Gerade in Gewässern, die als überblinkert gelten, führen derar-tige Köderkombinationen oft doch noch zu überraschenden Erfol-gen. Wie immer beim Spinnfischen, werden solche Köder in der schon oft geschilderten Weise geführt und dabei bis zum Uferrand herangezogen, um eventuellen Nachläufern noch eine Chance zu geben.

Pilken oder Zocken

Eigentlich dient das Pilken in Binnengewässern überwiegend dem Fang von Barschen. Gelegentlich wird auch ein Hecht dabei erbeutet, aber relativ selten hört man von entsprechenden Zanderfängen. Nur eine Reihe von Zanderspezialisten bedient sich dieser ebenfalls sehr erfolgreichen Zanderfangmethode. Leider ist sie nicht überall gestattet. Der Angler muß sich also vor dem Pilken genaue Informationen vom jeweiligen Gewässerpächter oder -besitzer holen. Es wäre sicherlich nützlich, wenn in solchen Fällen grundsätzlich neue Stellenwertüberlegungen bei den maßgebenden Experten angestellt würden, wobei das im Verlag Paul Parey erschienene Buch Tesch/Wehrmann, ,Die Pflege der Fischbestände und -gewässer' eine nützliche Hilfe sein könnte.

Zum Zanderpilken lassen sich eigenschwere Pilker in Gewichten zwischen 10 und 60 g verwenden. Alle vorhandenen Farbschattierungen sind auszuprobieren. An Zanderstandplätzen in Ufernähe benötigt man dazu eine längere Rute und bewegt damit den Pilker dicht über Grund in bewährter Weise, allerdings nicht mit so starken Bewegungen wie beim Dorschpilken. Zander mögen es nicht so schnell; der Köder muß also langsam angehoben werden, damit er danach wieder zu Boden torkeln kann.

Vom Boot aus sind lange Ruten unhandlich und daher nicht gebräuchlich. Eine Wurfrute bis zu 2,70 m Länge mit entsprechendem Wurfgewicht ist hier das richtige Gerät.

Wie Abb. 59 zeigt, kann ein zusätzlicher Hautfetzen am Pilker befestigt werden. Allerdings diesmal nicht am Haken, sondern oberhalb des Pilkers. Dadurch wird dieser verlängert und erhält zusätzlich noch ein Fluidum des ,Echten'. Am Drilling angebracht, würde sich dieser dadurch beim Absinken in der Hauptschnur verhaken.

Zanderpilken kann auch dem Spinnfischen ähnlich betrieben werden, dafür wirft man vom Ufer oder auch vom Boot die meistens sehr flugfreudigen Pilker weit hinaus, läßt sie bis zum Grund absinken und beginnt dann mit dem berühmten Treppenspinnen (Abb. 60). Leider führt diese Art des Pilkens oft auch zu sehr defti-

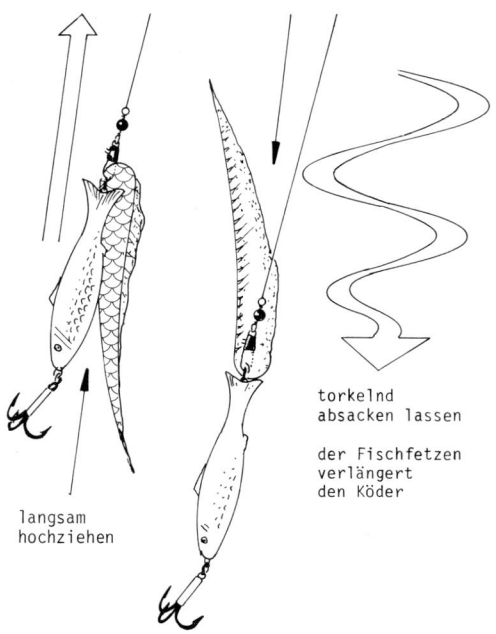

torkelnd
absacken lassen

der Fischfetzen
verlängert
den Köder

langsam
hochziehen

Abb. 59. Pilker mit zusätzlichem Fetzenköder

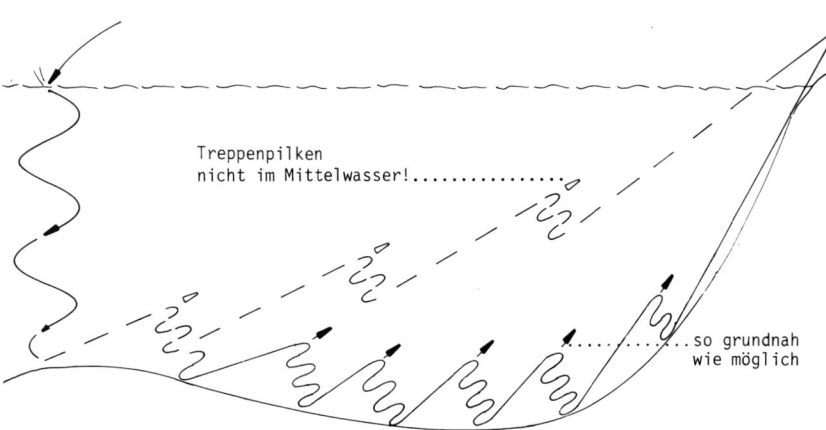

Treppenpilken
nicht im Mittelwasser!...............

...................so grundnah
wie möglich

Abb. 60. Treppenpilken nahe dem Boden

90

gen Hängern. Man sollte daher versuchen, dieses Treppenpilken zwar in Grundnähe, aber ohne zu häufige Grundberührung zu betreiben. Beim nur gelegentlichen Absinkenlassen auf den Grund merkt der Angler ja sehr deutlich, wie lang der Weg zum Boden war und ob die Köderhöhe nun korrigiert werden muß. Hat der Angler aber das richtige Gefühl für diese Art des Fischens entwikkelt, dann kann sie sehr erfolgreich sein. Statt eines Pilkers kann der Angler, wie schon in den Vorkapiteln beschrieben, auch einen toten Köderfisch zum Pilken benutzen.

Wie beim Dorschangeln kann auch beim Zanderpilken oberhalb des Pilkers noch ein Springer angebracht werden. Dazu dienen u. a. Streamer, Kunstwürmer oder Wackelschwänze wie Mister Twister. Der Springer wird an einem möglichst langen Vorfach angebracht und etwa 1 m vom Pilker entfernt befestigt. Zu achten ist darauf, daß sich der Springer beim Pilken immer noch oberhalb des Pilkers befindet. Es soll der Eindruck erweckt werden, als flüchte ein Köderfischchen vor einem Angreifer. Das weckt den Futterneid der Zander untereinander, und dadurch wird ein Anbiß wahrscheinlicher. Die Abb. 61 a und b zeigen noch einmal, wie sich die Köder im Wasser bewegen.

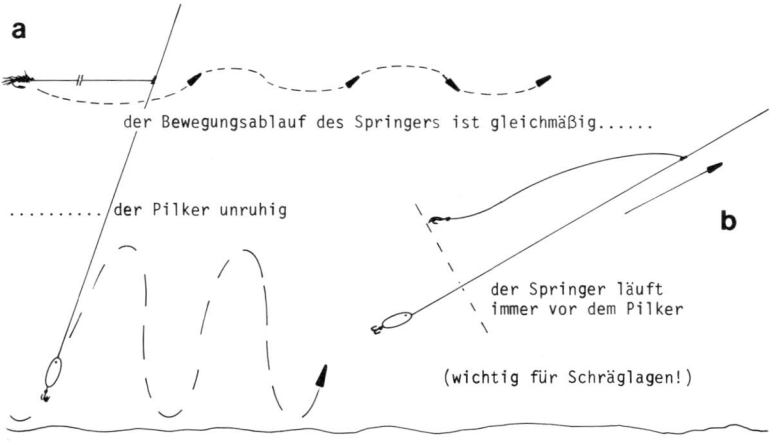

Abb. 61. Springermontage am Pilkgerät. a: Beim Pilken senkrecht nach unten sind die Bewegungen des Springers gleichmäßiger als die des Pilkers; b: Springervorfach kürzer als Schnurstück zum Pilker

Falls es in einigen Gewässern verboten ist, mit zwei Kunstködern zugleich zu angeln, bleibt der Pilker weg, und es wird statt dessen ein Bleigewicht an das Ende der Hauptschnur montiert. Der Springer übernimmt nun die Funktion des weggelassenen Hauptköders.

Es empfiehlt sich, das Blei an einem dünneren Schnurstück als den Springer zu montieren. So geht bei einem Hänger nur das Blei, nicht auch der Springer verloren.

Beim typischen Pilken, dem einfachen Auf- und Abbewegen des Köders mit Hilfe der Rutenspitze, muß versucht werden, dieses Auf und Ab noch ein wenig zu variieren. Zander sind behäbiger als Hechte und nicht bereit, dem nach oben strebenden Pilker weit zu folgen. Deshalb sind weitausholende Pilkbewegungen unangebracht. Der Köder bleibt besser ohne allzu schnelle Bewegungen in Grundnähe.

Damit der Angler auch bei größeren Wassertiefen den Anschlag noch durchbringen kann, sind dehnungsarme Schnüre von Vorteil.

Mit der Fluggerte auf Zander

Als der Mitverfasser dieses Buches, D. Schicker, eines Tages mit der Fluggerte so vertraut war, daß er damit seine ersten Fische fangen konnte, gab es für ihn nur ein Ziel: Er wollte einen stattlichen Zander daran abdrillen. Hans Steinfort, Verfasser mehrerer Lehrbücher über das Fliegenfischen, gab den eigentlichen Anlaß für D. Schickers neue Aktivitäten. Immerhin hatte er das Vergnügen, am Steinfort-Buch ‚Meisterhaftes Fliegenfischen‘ mitzuarbeiten. Er erzählt:

„Einen ganzen Tag lang war ich bereits am Bach entlanggelaufen. Keine Forelle war gestiegen, und auch mit der Naßfliege gab es nichts zu holen. Eigentlich war das schade, denn morgens hatte ich noch mit so viel Optimismus das Haus verlassen.

Gegen Abend gab ich auf und wanderte in Richtung eines Sees, der mir als sehr gutes Aalgewässer bekannt war. Schon bald traf ich

Abb. 62. Das Zanderporträt zeigt die typischen Fangzähne des Fisches

einen Angler, der zwei Posenangeln direkt vor der Gelegekante placiert hatte."

„Petri Heil! Schon was gefangen?" „Leider nicht", sagte er, „und mit der Fliegenrute werden Sie hier wohl auch nichts holen können." Was es denn bei ihm geben solle, fragte ich weiter, und indem er auf den sich verdunkelnden Himmel deutete, sagte er nur ein Wort: „Zander". „Es wird bald regnen, und dann kommen die Burschen hier direkt vor das Kraut, um die Kleinfische abzufangen. Nicht selten habe ich dabei schon mehrere gute Exemplare gefangen."

Das wollte ich sehen, und deshalb bat ich, noch ein wenig bleiben zu dürfen. Es dauerte nicht lange, und wir waren dabei, die ewig neuen und doch alten Erfahrungen auszutauschen. Da, hatte sich eine der Posen nicht bewegt? Jetzt schon wieder. Leise, nur keine Bewegung, wenn es Zander sind, muß man sich ruhig verhalten, denn sie sind sehr schlau. Die Pose stand wieder ruhig, und nichts regte sich, also weiter warten. Plötzlich scheuchte ein Barschrudel keine 50 m entfernt von uns die Kleinfische ins Binsengelege. Das Wasser kochte. Ein phantastischer Anblick, aber ebenso schnell, wie er gekommen war, war er vorbei.

„Sie können meine Spinnrute nehmen", meinte Heiner, meine neue Anglerbekanntschaft, „oder wollen Sie es lieber mit der Fliegenrute probieren?" Die Idee war nicht schlecht, und so band ich die größte Märzbraune an das Vorfach, die ich überhaupt finden konnte. Vorsichtshalber feuchtete ich sie schon an, denn sie sollte ja schnell absinken. Die Barsche schienen meine Vorbereitungen bemerkt zu haben, denn schon waren sie wieder aktiv.

Ich stand bereits hinter den Binsen und setzte die Fliege mitten zwischen die aus dem Wasser springenden, flüchtenden Rotfedern. Langsam ruckte ich die Fliegenschnur ein, und schon hatte ich einen halbverrotteten Schilfhalm gehakt.

Auf ein Neues. Diesmal allerdings etwas weiter hinaus und wieder absinken lassen. Beim Einholen gab es einen kurzen Ruck, und ich drillte meinen ersten Kleinbarsch ab. „Sie sollten zwei Fliegen hintereinander binden, damit die ganze Angelegenheit etwas größer wird", schlug Heiner vor. Gesagt, getan. Eine bunte, nasse Maifliege kam noch zu dem bereits angebundenen Barschfänger.

Auch der nächste Wurf gelang, und schon ruckte es erneut am Gerät. Der sitzt, verkündete ich strahlend und merkte sofort, daß ich einen ernstzunehmenden Gegner am Haken hatte. Kurze, harte Stöße zum Grund hin, störrische Gegenwehr zeigten, daß hier kein Barsch am Werke war. Vorsicht war geboten, die Fliegen waren schließlich nur an einem 0,16er Vorfach angebunden.

„Ich habe einen Biß", rief mein Angelpartner und sauste zu seinen Ruten. Sein Anschlag saß, und so standen wir beide mit gekrümmten Ruten und schauten abwechselnd einer zum anderen.

Schon bald hatte Heiner seinen Zander im Kescher, einen dunklen prächtigen Burschen. Meiner hingegen brauchte noch etwas Zeit, gab dem Zug der Fliegenrute nicht nach, schwamm nach rechts und wieder nach draußen. „Nun komm schon", sagte ich. Heiner glaubte, er sei gemeint, und antwortete: „Kann ich nicht, denn ich habe schon wieder einen Biß." Da auch sein Anschlag saß, bestand vorerst für mich keine Aussicht auf seinen Kescher.

Endlich kam mein Fisch hoch, zeigte weiß und ließ sich widerstandslos ans Ufer ziehen. Ein Griff um die Schwanzwurzel, und dann lag er auch schon im Ufergras. Vorsichtig löste ich den Haken der Märzbraunen aus dem Maul, hob den Fisch in Siegerpose noch einmal hoch und setzte ihn dann vorsichtig in sein Element zurück.

„Das war mein erster Zander an der Fliegenrute, ich hoffe, daß noch viele weitere folgen werden", sagte ich zu Heiner. Der versorgte inzwischen seinen soeben gelandeten zweiten Zander von etwa vier Kilogramm. Er war auf einen Butterkrebs, ein besonders fangträchtiger Köder für Zander, gegangen.

Später habe ich noch viele Zander an der Fliegenrute gefangen. Einige am Streamer, viele an der Naßfliege, und die Erfolgsquote war dabei in flacheren Gewässern größer als im tiefen Wasser. Allerdings muß ich zugeben, daß sehr oft kleine Zander auf diese Köder bissen und die größeren Exemplare sich rar machten. So bleibt die Frage, ob sich Zanderangeln mit der Fliegenrute überhaupt lohnt. Diese Frage muß mit ja beantwortet werden und gilt besonders für den passionierten Fliegenfischer, der auf diese Weise die Palette der fangbaren Fischarten erweitern kann. Nur groß genug müssen seine Imitationen schon sein, wenn sie für den Zander eine lohnende Beute darstellen sollen.

Schleppfischen auf Zander

Wobbler richtig verwenden

Viele der bisher beschriebenen Köder- und Montage-Empfehlungen lassen sich auch vorzüglich beim Schleppfischen auf Zander anwenden. Entscheidend sind auch hierbei wieder die möglichst bodennahe Führung und ein einwandfreier Bewegungsablauf. Dieser sollte nicht zu unruhig, springend oder seitlich ausbrechend sein, sondern der Jagdbehäbigkeit des Zanders angepaßt werden. Bevor man mit dem Schleppfischen beginnt, werden deshalb sämtliche vorhandenen Köder auf ihre Tauglichkeit ausprobiert, ehe sie ins Zanderrevier entlassen werden.

Schleppentfernungen, also die Entfernungen des Schleppköders vom Bootsheck, werden nach der Gewässertiefe gewählt. Generell kann man sagen, daß durch die Scheuchwirkung des Ruderns in flacheren Gewässern größere Schleppentfernungen bis zu etwa 40 m angebracht sind. In tiefen Gewässern darf die Entfernung kürzer sein.

Bei vielen Wobblern, wie z. B. dem Big-S, Shiner oder Rappalla, sind die damit erreichbaren Tiefen schnell ermittelt. Bei Mustern mit verstellbarer Tiefenschaufel kann sich der Angler mit dem Köder noch besser auf die jeweiligen Verhältnisse einrichten. Wie die Schaufel gestellt werden muß, damit der Köder in der vorbestimmten Tiefe läuft, zeigen Abb. 63 a, b, c.

Blinker sinken infolge ihres Eigengewichts je nach Schleppentfernung mehr oder weniger gut ab. Dabei spielt die Form der Blinker ebenfalls eine große Rolle. Das gleiche gilt für Spinner, Jigs und Wackelschwänze. Es gilt, die günstigsten Eigenschaften vorher zu ermitteln. Das gelingt am besten über flacherem, sauberem Untergrund durch Überrudern mit den verschiedenen Ködern. An der Rutenspitze zeigt sich sehr schnell, ob der Köder Grundberührung

96

hat oder nicht. Durch Verändern der Schleppgeschwindigkeit und Verlängern oder Verkürzen der Schleppentfernung bekommt der Angler bei jedem Köder ein Gefühl dafür, wie er später zu verwenden ist.

Um Grundberührungen der Köder schnell erkennen zu können, sind sensibel reagierende Spitzen an nicht zu steifen Ruten vorteilhaft. Selbst ein Blatt oder ein Krautfaden, der sich am Köder verfangen hat, wird mit solchen Ruten sichtbar gemacht. Das ist sehr wichtig, weil man sonst stundenlang mit solchem unverdaubaren Beiwerk am Köder herumrudert und sich über das Ausbleiben von Bissen wundert.

Während wir bei Wobblern mit verstellbarer Schaufel die Möglichkeit haben, die Schlepptiefe vorher zu bestimmen, muß beim Schleppen mit anderen Ködern der Auftrieb eliminiert werden. So werden z. B. Fetzen- oder Fischköder stets mit einem vorgeschalteten Blei beschwert werden müssen, damit sie in den Raubbereich der Zander auch wirklich vordringen können.

Natürlich brächte die Verzögerung der Schleppentfernung den gleichen Effekt, aber dadurch würde zugleich auch der Auftriebs-

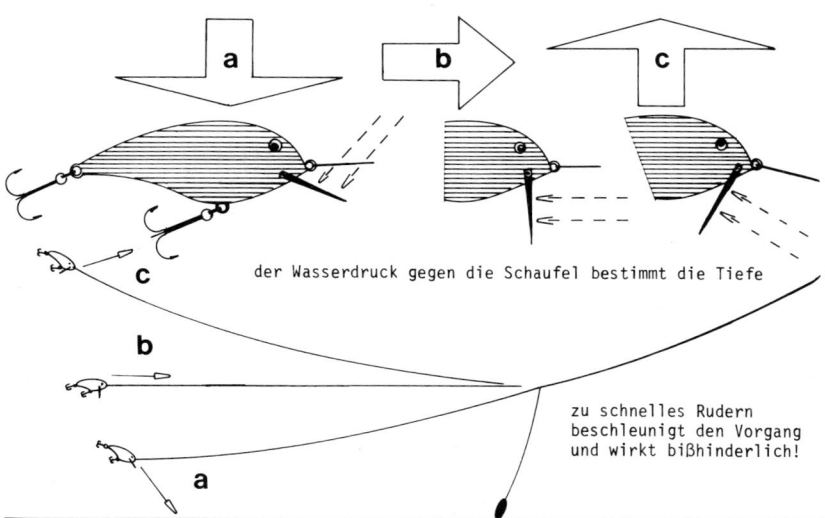

Abb. 63. Wobbler mit verstellbarer Tiefenschaufel. a: Stellung zum Wobbeln im tiefen Wasser; b: ... in mittlerer Wassertiefe; c: ... im Oberflächenbereich

bogen der Schnur vergrößert. Beim Zupacken eines Zanders müßte der Fisch dann erst diesen Bogen strecken, bevor entsprechender Widerstand zum Eindringen der Haken spürbar würde. Fehlbisse wären also an der Tagesordnung.

Zanderschleppen muß also sehr gewissenhaft und oft mit mehr technischen Hilfen als sonst üblich betrieben werden. Dazu gehört z. B. auch ein Echolot. Mit diesem Gerät läßt sich vorzüglich die Bodenbeschaffenheit eines Gewässers ermitteln und danach die beabsichtigte Schleppstrecke einrichten. Da man mit diesem Gerät zugleich auch die Wassertiefe registrieren kann, sind auch Zanderstandplätze schnell lokalisiert. Wer die Daten des Echolots richtig zu deuten weiß, wird über Köderverluste nicht zu häufig zu klagen haben. Man spart nicht nur manche Mark, sondern kommt vielleicht auch zu einem guten Eintrag in die Fangliste.

Das gute Verhältnis zu anderen Anglern, insbesondere Uferanglern, sollte Schleppfreunden sehr wichtig sein. Man hält großen Abstand, um nicht mit den Montagen anderer Angler am Haken die Zander zu vergrämen. Auch Netze der Berufsfischer stellen eine große Gefahr dar. Leider sind sie oft sehr schlecht markiert und daher für den Schleppfischer erst im letzten Augenblick erkennbar. In solchen Fällen gibt es dann zweimal Ärger, einmal für den Angler, der seine Drillinge aus dem Netz pulen muß, und zum anderen für den Berufsfischer, der andere sehr ungern an seinen Netzen hantieren sieht.

Hat ein Zander angebissen, und die Rute krümmt sich in ihrer möglichst stabilen Halterung, dann kommt es in der Aufregung über den Biß oft vor, daß einer der Riemen über Bord geht. Das ist vermeidbar, sind sie vorher gut gesichert, entweder durch Festbinden oder über ein Gelenk arretiert.

Sind zwei Angler im Boot, vereinfacht das die Sache sehr, denn während der eine rudert, greift der andere die Rute und drillt den Fisch heran. Grundsätzlich aber gilt, daß der Angler bei einem Anbiß nicht sofort aufspringt und die Rute greift, sondern erst noch zwei- oder dreimal kräftig die Ruder durchzieht. Die Bremse an der Rolle ist dabei stramm, jedoch nicht blockierend eingestellt. Der Zander muß im Rahmen ihrer Reißfestigkeit Schnur abziehen können.

Erst jetzt greift man zur Rute und beginnt mit dem Herandrillen des Fisches. Ist die Landung geglückt, wird die Fangstelle sofort wieder überrudert, denn Zander sind bekanntlich Rudelfische. Wo einer ist, sind immer mehrere anzutreffen.

Einen Beweis für diese Behauptung erlebte ich eines Tages an einem schönen See in Masuren. Ich war dort für ‚Fisch und Fang' unterwegs und sollte für reisefreudige Leser dieser Zeitschrift ansprechende Gewässer suchen. Eigentlich wollte ich zunächst auf Brassen und Hechte angeln. Aber Petrus schien mir an diesem Tag gram zu sein oder hatte mich ganz einfach übersehen. Nichts gelang. Bald verließ mich der Mut, und den wollte ich wieder auffrischen. Dazu stellte ich mich in den Bug des Bootes, benutzte ein Ruder als Staakstange und schlich auf diese Weise am Schilf entlang, um das Leben und Treiben der Schuppenträger aus nächster Nähe zu beobachten. Das hätte ich schon viel früher machen sollen, denn ich bekam so viele Fische sehen, daß mein Herz schneller und schneller schlug. Alle vorangegangene Trübsal war im Nu wie weggewischt.

Große Rotfedern eilten am Boot vorbei, und plötzlich wurde es flacher. Also abbiegen, doch dazu hatte ich keine Zeit mehr. Beängstigend knirschend machte sich die Rolle an meiner vorsorglich ausgelegten Rute bemerkbar. Nachdem ich den Anhieb gesetzt hatte, machte sich die volle Kraft eines um sein Leben kämpfenden Fisches bemerkbar. Es war ein Zander, und ich fing an diesem Tage noch sehr viele davon. Mein Gastgeber, der polnische Revierförster Eddi, staunte. Das gesamte Personal wurde zusammengerufen, und schnell leerte sich meine Wobblerkiste. Jeder wollte einen dieser Wunderköder haben.

Am nächsten Tag durfte ich in der Zuchtanlage auf Graskarpfen angeln. Ich sollte aber vorsichtig sein und die Fische möglichst unbeschädigt wieder zurücksetzen. Natürlich wollte ich nicht unhöflich sein und nahm das Angebot daher an. Freund Amur biß auf alles, was ihm vorgehalten wurde, selbst auf Fetzenköder und kleine Spinner. Ich fühlte mich dabei nicht wohl in meiner Haut. Nachdem ich ein kleines Feuer gemacht hatte und darüber eine in einem Nachbarteich gefangene Forelle gegart hatte, schlief ich nach dem Verzehr zunächst einmal ein.

Es war bereits Mittag, als ich von drei Forstgehilfen geweckt wurde. Jeder hatte einen stattlichen Zander im Arm, dazu sehr kräftige Schleppleinen, weil keiner der kostbaren Köder hatte verlorengehen sollen. So haben die Wobbler ihren Siegeszug nun auch dort angetreten.

Mit der Technik des Schleppfischens waren meine polnischen Freunde offensichtlich sehr vertraut, denn ich entdeckte an ihren Schleppleinen farbige Markierungen. Diese Markierungen in Form eines Stoppers sind sehr wichtig, um Schleppentfernungen besser beurteilen zu können. Es ist nämlich sehr schwer, auf einer großen Wasserfläche exakte Entfernungsbestimmungen zu machen. Meistens verschätzt man sich. Man kann dies leicht überprüfen, indem man einen Wobbler auswirft, ein Stück davon wegrudert und dann die Entfernung zu schätzen versucht. Anschließend überprüft man dann durch Abmessen der Leine seine Schätzung und wird sehen, wie weit man vom richtigen Ergebnis entfernt war. Bringt der Angler jedoch alle 10 m einen andersfarbigen Stopper auf die Schnur und nach 50 m einen besonders auffälligen roten, erspart er sich hinsichtlich der richtigen Schleppentfernung einige Unsicherheiten.

Die Gewißheit, alles richtig zu machen, fördert beim Angeln im allgemeinen und beim Schleppfischen im besonderen den Optimismus. Dann lassen sich auch erfolglose Stunden leichter ertragen und sogar ein Tag, an dem man Schneider geblieben ist, war trotzdem ein schöner Angeltag.

Tastblei-Schleppfischen

Auch beim Schleppangeln haben sich im Laufe der Zeit eine Reihe von Varianten herausgebildet. Eine davon besteht in der Montage eines etwa 2 bis 3 m vor dem Köder auf dem Grund entlanghoppelnden Bleies. Es hält stets direkten Kontakt zur Rute und zugleich zum Köder in dessen fangträchtigster Höhe über dem Boden. Man befestigt das Blei an einem eigenen Vorfach, das in seiner Stärke dünner als die Hauptschnur gewählt wird, weil Hänger

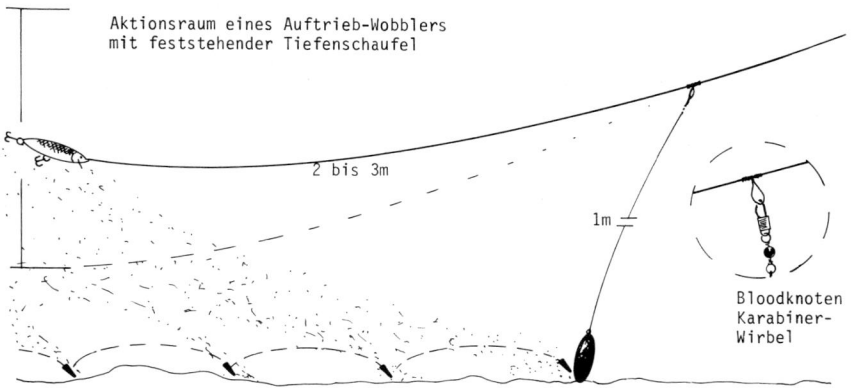

Aktionsraum eines Auftrieb-Wobblers
mit feststehender Tiefenschaufel

2 bis 3m

1m

Bloodknoten
Karabiner-
Wirbel

Abb. 64. Montage eines Auftriebwobblers mit verstellbarer Tiefenschaufel

beim Tastbleifischen unvermeidlich sind. Wenn auch für diese Methode überwiegend schwimmende Wobbler benutzt werden, ist deren Verlust kaum zu befürchten, da bei einem Hänger stets das Blei abreißt und der Wobbler nach oben steigt (Abb. 64).

Verstellbare Tiefenschaufeln werden an Wobblern rechtwinklig gestellt, damit sie die durch das Tastblei vorbestimmte Tiefe beibehalten. Besitzt der Wobbler aber eine feststehende Schaufel, kann diese angeschnitten bzw. verkürzt werden, um den Drang zum Grund einzuschränken.

Während bei dieser Methode das Tastblei über den Gewässerboden hoppelt und dabei die gewünschte Partikelwolke erzeugt, die für ausreichende Aggressionen beim Zander sorgt und ihn animiert, den dem Blei folgenden Köder zu nehmen, darf der Wobbler selbst keine Grundberührung haben.

Wobbler in einer Größe bis zu 12 cm Länge sind anzuraten. Sie werden mit langsamem Rudern den Zandern vorgeführt. Gelegentliches kurzes Beschleunigen sorgt für Abwechslung im Köderlauf. Dafür reicht es aus, nach mehreren langsamen Schlägen die Riemen einmal etwas kräftiger durchzuziehen. Zum Schleppfischen gehört, wie beim Angeln allgemein, auch etwas Phantasie. Dies gilt auch für den Ruderer, falls zwei Personen im Boot sind.

Die Tastbleimontage eignet sich auch vorzüglich für das Schleppangeln mit dem toten Köderfisch. Damit der Köder nicht

101

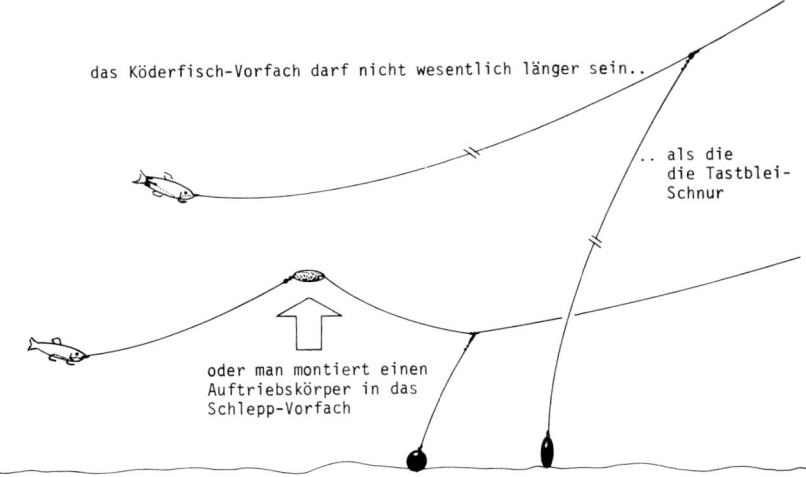

das Köderfisch-Vorfach darf nicht wesentlich länger sein..

.. als die
die Tastblei-
Schnur

oder man montiert einen
Auftriebskörper in das
Schlepp-Vorfach

Abb. 65. Schleppfischen mit Tastblei und Auftriebskörper

bis zum Boden sinken kann, wird entweder ein Styroporzylinder in sein Maul geschoben oder ein kleiner Auftriebskörper vor dem Köderfisch benutzt, wie es Abb. 65 zeigt. Auch hierbei muß die Tastbleischnur länger als das Schnurende zum Köderfisch sein.

Für diese Art des Schleppangelns wird eine feste Rute von etwa 2,40 m bis 2,70 m Länge benutzt, wie sie z. B. DAM mit der Tele Top Serie anbietet. In Gewässern mit gutem Hechtbestand und bei Verwendung von Naturködern sollte immer ein dünnes Stahlvorfach verwendet werden. Gerade die großen Hechte greifen oft den Köderfisch voll. Ein monofiles Vorfach wäre dann sehr schnell durchgescheuert.

Da sich das Boot bei einem Anbiß bereits in Bewegung befindet, braucht der Ruderer danach nur noch zwei kräftige Schläge einzulegen, und der Fisch wird in aller Regel bereits fest gehakt sein. Sind zwei Mann im Boot, gibt es in dieser Hinsicht keine Probleme, da einer rudert und der andere die Ruten betreut. Im Falle eines Anbisses kann vom zweiten Mann unverzüglich ein kräftiger Anhieb gesetzt werden.

Leider gibt es auch Gewässer, in denen Schleppangeln nicht gestattet ist. Es ist ratsam, sich schon vor Angelbeginn die Bedingungen des Erlaubnisscheines genauestens anzusehen.

Tiefschleppen

In Gewässern bis zu etwa 6 m Tiefe kann das Schleppfischen auf Zander problemlos nach den Anleitungen im vorhergehenden Kapitel betrieben werden. Ist das Gewässer jedoch tiefer, benötigen wir eine spezielle Ausrüstung für das Tiefschleppen. Dazu gehört zunächst eine Schlepprolle (Downrigger), die den Tiefenparavan oder das sehr schwere Blei so steil wie möglich am Boot hält. An diesem Blei wird nun die eigentliche Angelschnur entweder mit einem Clip oder einer besonders dünnen Schnur, der sogenannten

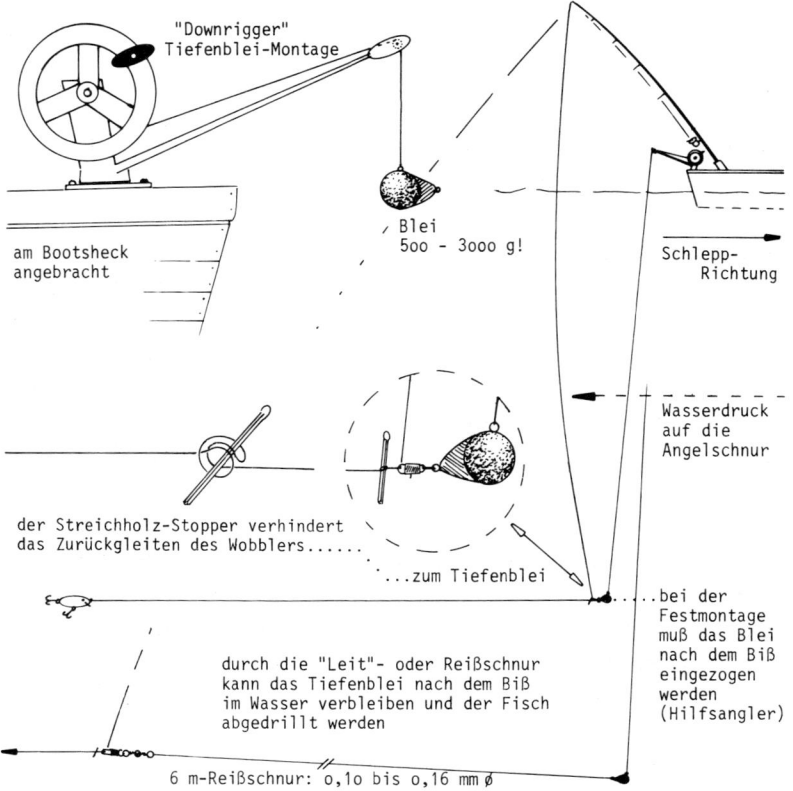

"Downrigger"
Tiefenblei-Montage

am Bootsheck
angebracht

Blei
5oo - 3ooo g!

Schlepp-
Richtung

Wasserdruck
auf die
Angelschnur

der Streichholz-Stopper verhindert
das Zurückgleiten des Wobblers......

...zum Tiefenblei

...bei der
Festmontage
muß das Blei
nach dem Biß
eingezogen
werden
(Hilfsangler)

durch die "Leit"- oder Reißschnur
kann das Tiefenblei nach dem Biß
im Wasser verbleiben und der Fisch
abgedrillt werden

6 m-Reißschnur: o,1o bis o,16 mm ∅

Abb. 66. Tiefschleppen

Reißschnur, befestigt. Damit der Köder durch den Zug der Angelschnur nicht bis zum Blei zurückgleiten kann, wird ein Streichholz als Stopper benutzt (Abb. 66).

Werden Kleinköder benutzt, die keinen starken Zug ausüben, kann man auch nach Abb. 67 verfahren. Hier ist ein kleines Stückchen Stahldraht an der Schnur zum Tiefenblei befestigt, und an diesem wird die Angelleine mit Hilfe eines Ventilgummistückchens befestigt, das vorher auf die Angelschnur gefädelt wurde. Bei einem Anbiß löst sich die Schnur nun sehr leicht von der bleitragenden Schnur.

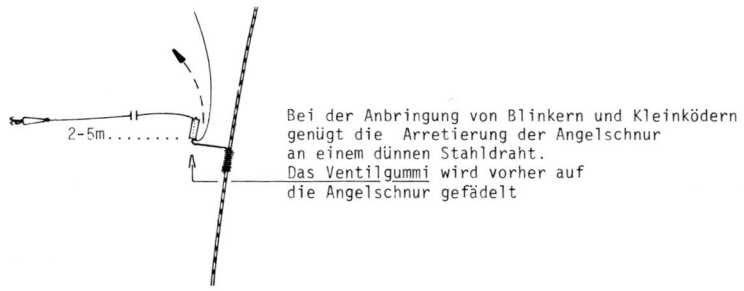

Bei der Anbringung von Blinkern und Kleinködern
genügt die Arretierung der Angelschnur
an einem dünnen Stahldraht.
Das Ventilgummi wird vorher auf
die Angelschnur gefädelt

2-5m.......

Abb. 67. Befestigung der Angelleine am Seil des Tiefenbleies mit Hilfe von Stahldraht und Ventilgummi

Auch bei der Tiefenschleppmethode haben schwimmende Wobbler den Vorzug vor absinkenden, weil sie sich nicht so schnell am Boden festsetzen können. Eher dürfte dies beim schweren Tiefenblei der Fall sein, deshalb dient als Tragschnur entweder dünner Stahldraht oder eine Schnur großer Tragfähigkeit.

Diese Schleppmethode empfiehlt sich vornehmlich in besonders tiefen Gebirgsseen sowie in gleichmäßig tiefen Fahrrinnen großer Flüsse und Kanäle. Bei ungleichmäßigem Untergrund, wie es ihn in Talsperren häufig gibt, wo bei der Flutung zum Teil Dörfer und Wälder im Wasser verschwunden sind, sollte man von dieser Methode jedoch Abstand nehmen.

Bißanzeigegeräte im Selbstbau

Rutenbißanzeiger

Ein einfacher, aber dennoch wirksamer Bißanzeiger ist sehr leicht selbst herzustellen. Man benötigt dazu eine kleine Blechdose, die vor dem Zulöten mit einigen kleinen Steinen oder Stahlkugeln gefüllt wird. In der Regel werden aber die bereits im Gerätekasten vorhandenen Bleikugeln benutzt. Mit kleinem Bändchen oder dünner Kette befestigt man die Dose am Arm eines kleinen Tellers, den man zuvor am Rutenhalter angebracht hat. Details zeigt Abb. 68.

Bei einem Anbiß rutscht die Dose wegen ihres geringen Reibungswiderstandes sehr leicht vom Teller und erzeugt dabei ein

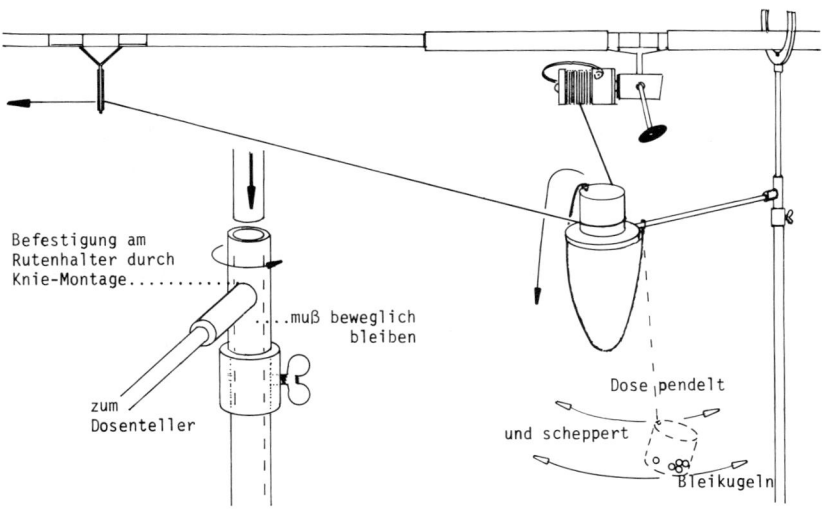

Befestigung am
Rutenhalter durch
Knie-Montage..........

..muß beweglich
bleiben

zum
Dosenteller

Dose pendelt

und scheppert

Bleikugeln

Abb. 68. Mit Steinen gefüllte Blechdose als Bißanzeiger

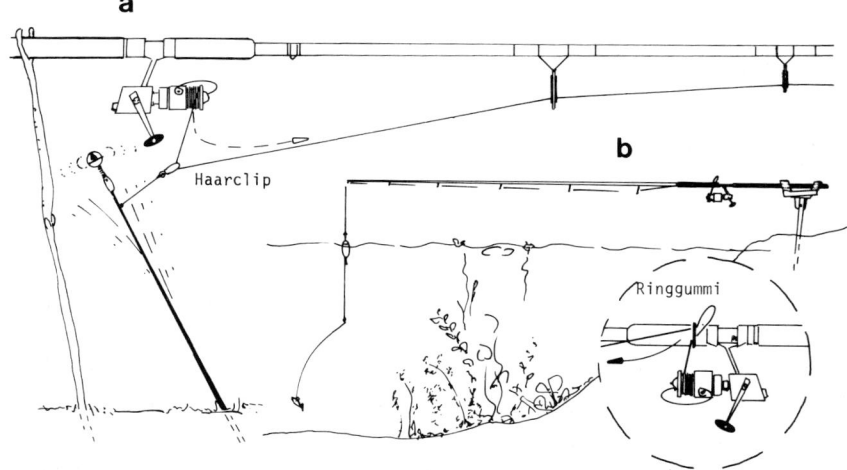

Abb. 69. Bißanzeiger. a: Mit Hilfe eines Haarclips; b: Mit einem Paketgummi

unüberhörbares Geräusch. Danach kann die Schnur dann frei von der Rolle laufen.

In Fließgewässern wäre es jedoch ein Fehler, die Schnur nach dem Abfallen der Dose beliebig ablaufen zu lassen. Der Angler muß hier immer eine Schnurkontrolle durch die Finger der linken Hand vornehmen und dabei versuchen, Kontakt zum Fisch herzustellen. Dazu gehören viel Übung, Gefühl und eine sensible Hand.

Einen weiteren Rutenbißanzeiger zeigt Abb. 69 a. Hier wird eine alte Rutenspitze mit einer Glocke versehen und in Rutennähe in den Boden gesteckt. Ein mit einer Schnur an diesem Gerät befestigter Haarclip hält die Schnur gerade nur so fest, daß sie beim Biß herausgezogen und damit frei werden kann. Durch das darauf folgende Vibrieren der in die Erde gesteckten Rutenspitze wird die Glocke ertönen und den Angler zum Anhieb mahnen.

Wenn der Zander beim Anbiß ganz besonders leichte Vorfachmontagen in Rutenrichtung über den Grund schleift, kann es vorkommen, daß die Schnur ihre sonst vorhandene Spannung verliert und somit nicht aus dem Haarclip herausgezogen werden kann, sondern mehr oder weniger augenfällig durchhängt. Natürlich gibt es in diesem Falle auch kein Glockensignal, obwohl jetzt der

Zeitpunkt zum Anschlag gekommen wäre. Es ist aus diesem Grunde angebracht, auch ohne hörbare Bißsignale öfter einmal nach dem Rechten zu schauen, um seine Fangchancen nicht zu versäumen.

Einen sehr einfachen Bißanzeiger an der Rute stellt Abb. 69 b dar. Ein vor dem Rollenfuß auf die Rute gebrachtes Paketgummi dient als Halter für die Schnur. Je nach Strömungsstärke, z. B. im Fließwasser, schlauft man die Schnur mehr oder weniger weit unter das Gummi.

Auch beim stationären Angeln mit langen Ruten vor Krautgelegen hat sich diese Methode bewährt, weil man damit den Köderfisch direkt unter der Rutenspitze festsetzen kann, ohne daß er in das angrenzende Kraut flüchten könnte. Der erste Ruck eines anbeißenden Zanders zieht die Schnur unter dem Gummi hervor, und der Flucht des Fisches ohne weiteren Widerstand steht nun nichts mehr im Wege.

Knetgummi als Bißanzeigehilfe

Eine weitere Möglichkeit, die Schnur vor einem Anbiß an der Rute zu befestigen und erst danach freizugeben, bietet die besonders bei Kindern sehr begehrte Knetmasse. Wie üblich, müssen auch bei ihrer Verwendung z. B. Lebhaftigkeit des Köderfisches und Strömungsdruck berücksichtigt werden.

Vor der ersten Verwendung am Wasser wird eine Probe gemacht und die Schnur entsprechend Abb. 70 a mit Hilfe eines kleinen Stückchens Knetgummi an der Rute befestigt. Anschließend zieht der Angler an der Schnur, indem er sie vor der Rutenspitze greift, so als zöge an ihr ein Zander.

Bald wird jetzt der richtige Anpreßdruck für die Knetmasse ermittelt sein. Es fehlt nun nur noch ein kleines Stück Silberpapier, und auch die optische Bißanzeige ist fertig, wie in Abb. 70 b dargestellt.

In Fällen, wo es vorzuziehen ist, mit geschlossenem Schnurfangbügel zu arbeiten, hat sich eine Montage nach Abb. 70 c be-

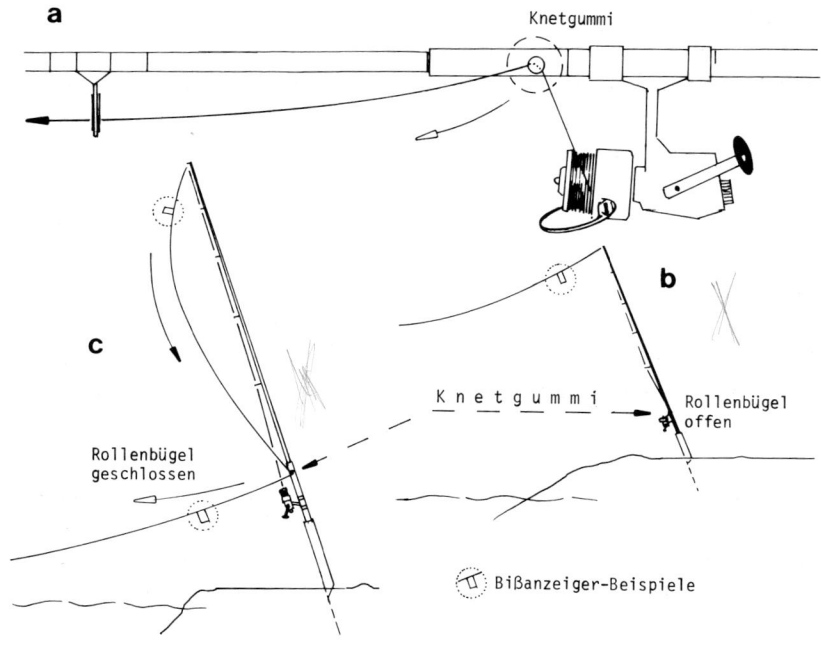

Abb. 70. Knetgummibißanzeiger. a: Bei waagerechter Rutenlage; b: Aufgerichtete Rute; c: Mit eingelegtem Schnurwinkel

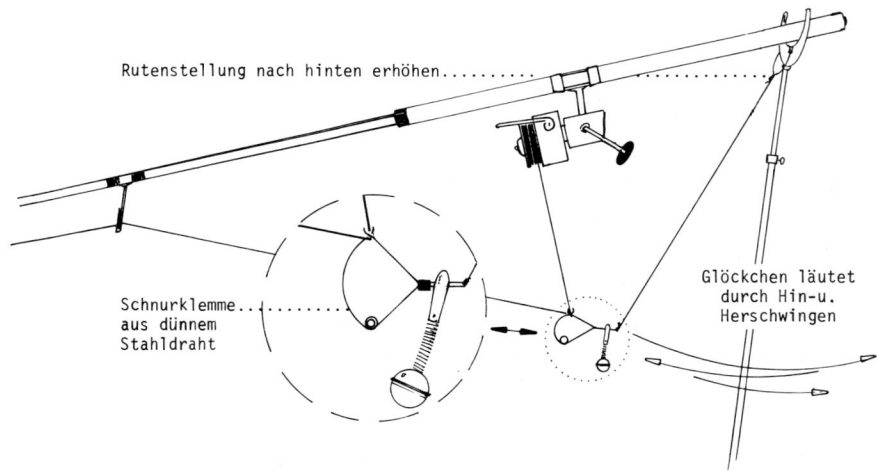

Abb. 71. Bißanzeiger aus Drahtwinkel und Aalglocke

währt. In diesem Falle wird die Schnur von der Rutenspitze noch einmal zum Griff in Höhe des Rollenhalters geführt und dort mit Knetmasse befestigt. Statt von der Rutenspitze führt die Schnur nun weiter unten in Rollenhöhe zum Köder. Besonders bei stärkerem Wind vermindert diese Montage den starken Druck auf die Schnur.

Nach einem Anbiß gibt es zunächst keinen Widerstand von der Schnur her, da der Fisch vorerst den vorhandenen Schnurwinkel geradeziehen kann. Inzwischen bleibt Zeit genug, den Rollenbügel zu öffnen. Ein Stück Silberpapier vor der Rutenspitze auf die Schnur gebracht, erhöht auch hier die Sichtbarkeit der Anzeige. Diese Methode kann gerade auch für den Ansitz auf andere Fischarten, wie z. B. Karpfen oder Aale, empfohlen werden.

Einen weiteren guten Bißanzeiger kann man aus ein wenig Stahldraht und einer Aalglocke selbst basteln. Man biegt den Stahldraht so, daß er mit seinen beiden Enden eine Art Klammer bildet, die sich bei Zug öffnet und die Schnur freigibt. Wie Abb. 71 zeigt, bindet man diesen Bißanzeiger am hinteren Rutenhalter fest, bemißt aber die Schnurlänge so, daß er nach einem Anbiß nicht zu Boden fällt, sondern frei umherschwingen kann. Durch lautes Klingen der Glocke kommt dann unüberhörbar das Signal zum Anhieb.

Elektro-Bißanzeiger

Es wurde schon mehrfach angedeutet, daß Bißanzeiger ihren besten Platz an der Rute in der Nähe der Rolle haben. Sie sollen nicht nur einen Anbiß anzeigen, sondern auch die Schnur freigeben, wenn der Fisch mit dem Köder abzieht.

Bei Dunkelheit, in der besten Beißzeit der Zander, sind herkömmliche Bißanzeiger kaum noch auszumachen. Man wird sich deshalb oft für einen elektrischen Bißanzeiger entscheiden, dessen Hauptbestandteile eine kleine Glühbirne und eine Batterie sind.

Bastler können sich ein solches Gerät recht schnell selbst zusammenbauen. Erforderlich ist zunächst ein Metallwinkel, auf dem eine Taschenlampenfassung montiert und, entsprechend der Größe der benutzten Batterie, am gegenüberliegenden Ende eine kleine Spiralfeder angebracht wird. Ein kleines Kunststoffplättchen mit Einschnitt für die Angelschnur ist ebenfalls erforderlich. Abschließend legt man eine Batterie zwischen Fassung und Spiralfeder, befestigt sie mit Klebestreifen und klemmt das Kunststoffplättchen zwischen Batterie und Feder. Nach Einwurf des Köders und Ablegen der Rute auf die Rutenhalter wird die Schnur bei offenem Schnurfangbügel in die Aussparung des Kunststoffplättchens gebracht.

Bei einem Anbiß zieht der Fisch das Plättchen heraus und schließt dadurch die Stromverbindung zur Birne, die nun aufleuchtet. Falls das Plättchen durch die Bewegung der Schnur nicht schon abgefallen ist, entfernt man es von Hand und verwahrt es bis zur nächsten Verwendung in der Hosentasche.

Wird der Bißanzeiger auf einen Erdspieß gebracht, muß das fertige Gerät Ähnlichkeit mit der Darstellung auf Abb. 72 haben.

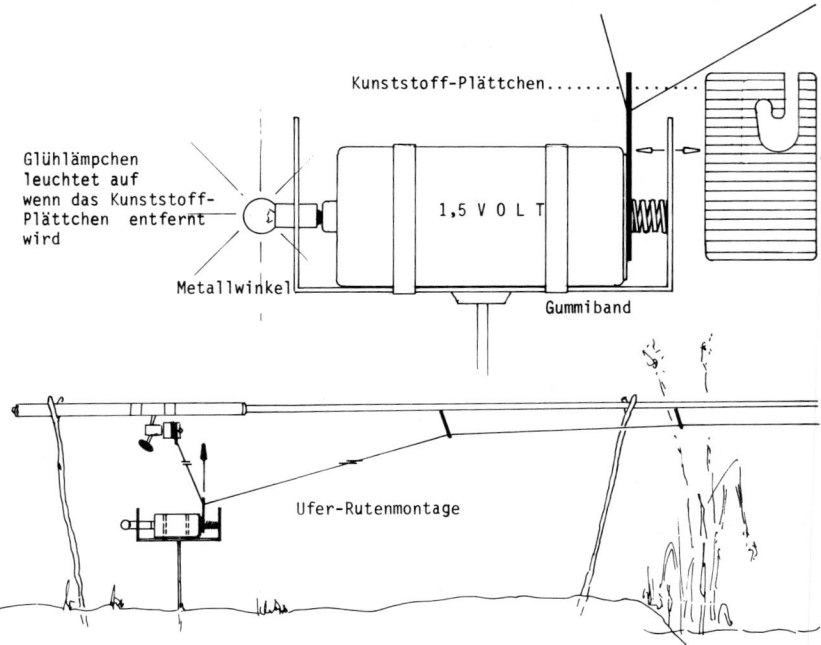

Abb. 72. Elektro-Bißanzeiger zum Selbstbau

Tips und Tricks rund um den Zander

Wann beißen Zander?

Eigentlich brauchte man in diesem Kapitel nur auf die in den Fachzeitschriften abgedruckten Beißtabellen zu verweisen, aber inzwischen hat es sich schon gezeigt, daß mit Tabellen allein keine Zander zu fangen sind. Deshalb bekommt dieses Kapitel doch noch einen gewissen Umfang.

Im Herbst und Winter bieten sich dem Zanderangler besondere Chancen. Die Zander sind dann nicht nur dick und rund, sondern sie bieten auch einen ausgezeichneten Kampf im wieder klaren, sauerstoffreichen Wasser. Ein Drill in dieser Jahreszeit läßt jedes Anglerherz schneller schlagen, auch wenn die Morgenkälte durch den Parka kriecht und die Füße nur noch durch wiederholte 100-m-Spurts warmzuhalten sind.

Natürlich gibt es auch nach der Laichzeit eine gute Fischwaid auf diese Fische, wenn Schonbestimmungen der einzelnen Fischereipächter dem nicht entgegenstehen. Bis weit in den Monat Juni hinein kann jetzt sogar tagsüber gute Beute gemacht werden, wenn der Angler die Plätze, an denen sich Zander zur Laichablage versammeln, kennt und sie, wie schon früher erwähnt, nach dem Laichen aufsucht. Beißen zunächst auch nur die kleineren Männchen, so dauert es nicht lange, und auch die größeren weiblichen Exemplare verspüren wieder Hunger und gehen gern an die Angel.

Ansonsten aber liebt der Zander, wie auch der Aal, trübe Gewässer mit wenig Lichtdurchlässigkeit. Außer kurz nach der Laichzeit geht er danach nur an besonderen Tagen auf Raub aus. Sonst liebt er mehr die Dämmerung und die Nacht.

An dunklen Tagen mit Regen, beim Morgennebel oder am diesigen Abend, nach einem Gewitter, bei kräftigem Platzregen und selbst bei Schneefall mit Temperaturen um null Grad herum ist

Zanderbeißzeit. Man *kann* bei diesen Wetterlagen sehr gute Erfolge haben, wenn auch sämtliche Begleitumstände passend sind, *muß* es aber nicht. Meistens wird es so sein, daß Regenschirm und Parka trocken und warm zu Hause hängen. Doch dann zieht plötzlich eine Wolkenwand auf – und es beißt! Nässe und Kälte, Frieren und Zähneklappern sind bald vergessen, wenn ein spannender Zanderdrill alle Sinne mobilisiert.

Die besten Monate für große Zander sind November und Dezember. Im Tidegebiet muß noch die Zeit der Flut abgewartet werden. Das auflaufende Wasser bringt die Zander mit, und wenn dann auch noch der richtige Angelplatz gefunden ist, steht einem Zanderessen für mehrere Personen oft nichts mehr im Wege.

Wo trübes Wasser mit sandigem oder kieshaltigem Untergrund vorkommt, findet man mit Sicherheit auch Zander, sofern sie überhaupt im Gewässer vorhanden sind. In Flüssen gibt es solche Plätze meistens im Unterlauf.

Stehende, kleinere Gewässer mit starkem Baumbewuchs am Uferrand sind selten zanderfreundlich. Durch den starken jährlichen Laubfall ‚versumpft‘ das Gewässer, weil der anschließende Fäulnisprozeß den bodennahen Zonen soviel Sauerstoff entzieht, daß hier kaum noch Leben möglich ist. Ein lebender Köderfisch, der hier auf dem Grund angeboten wird, geht schon nach kurzer Zeit ein, und jeden weiteren ereilt das gleiche Schicksal. In solchen Gewässern spielt sich das Leben überwiegend in mittleren und oberen Wasserschichten ab.

Im dichten Pflanzenbewuchs sind Zander häufiger zur Laichzeit anzutreffen als danach. Dennoch rauben Zander immer wieder auch am Rande großer Pflanzenbeete. Sie kennen die Standorte der Jungfische genau und finden sich somit bei Bedarf dort ein. Im dichten Kraut hingegen, im Gelege, läßt der Zander gern den Barschen den Vortritt, deren Jungfische ihm dafür um so mehr zusagen.

Im freien Wasser bevorzugt der Zander sandige Untiefen und sucht die Scharkanten ab. Er ist auch über Geröllstrecken zu finden und hält sich in künstlichen Stauseen in den Ruinen der ehemaligen Dörfer auf. Auch Bacheinläufe in Seen, sofern sie nicht zu flach und verschlammt sind, können einladend auf Zanderrudel wirken.

In Fließgewässern findet ihn der Angler an den berühmten Zanderecken, dem Zusammenfluß zweier Ströme. Aber auch zwischen den Buhnen treibt er sich gern herum, und sandige Außenkurven liebt er besonders.

In Kanälen sucht der Zander oft das Schleusenunterwasser auf. Besonders ertragreich können hier Stellen sein, wo sich der aufgewirbelte Sand ablagert und der Schiffahrt hinderlich wird. Weil an solchen Plätzen Bagger arbeiten, sind sie für den Angler leicht zu finden.

Doch selbst die eigentliche Kanalstrecke zieht den Zander zum Raub der hier besonders stark vertretenen Güsternjungfische an. Diese ziemlich flachen Fische mag er besonders gern, wenn sie noch nicht größer als etwa 7 cm sind. Da solche Kanäle aber auf der gesamten Strecke weitgehend gleich aussehen, ist es schwierig, hier Standplätze der Zander zu finden. Doch macht der Angler an einem guten Platz, den er zufällig entdeckt hat, immer wieder gute Fänge.

Der Zander hat also einen eigenen, von den Standplätzen des Hechtes stark abweichenden Lebensraum. Nur große Hechte halten sich, dem Zander ähnlich, im Freiwasser auf. Darum wird der Angler beim Zanderangeln irgendwann einmal auch Bekanntschaft mit einem derartigen Riesen machen.

Zander leben überwiegend heimlich. Anders als Karpfen, die man bei geeigneten Wetterlagen recht häufig an der Oberfläche beobachten kann, oder auch Hechte, die oft im oder vor dem Gelege stehen, lassen sich Zander nur sehr selten sehen.

Im April/Mai suchen Zander ihre Laichplätze auf, die selten tiefer als 3 m liegen. Laichplätze gibt es oft in unmittelbarer Nähe versunkener Bäume, über Geäst, auf Pflanzenbeeten und in Kanälen an neu eingebrachten Faschinen. Ausgediente Tannenbäume werden in solchen Gewässern als künstliche Laichhilfen verankert, wo es an geeigneten Zanderlaichplätzen fehlt.

Der abgelegte Laich wird von den Zandermännchen bewacht. Sie greifen grundsätzlich alles an, was sich dem Laichplatz nähert. Der Zeitraum der Bewachung dauert ziemlich lange, meistens bis Ende Juni.

Abb. 73. Da freut sich jeder Zanderangler

Beiß- und Schwimmverhalten

Manchmal gibt ein Zanderbiß wirklich Rätsel auf. Da ruckt die Pose in Intervallen nach unten, wandert langsam zur Seite oder beschreibt sogar einen Kreis. Der Angler wird unruhig und weiß nicht, was er machen soll. Ist das nun ein Biß, oder ist es keiner? Im Zweifelsfalle sollte stets angeschlagen werden, dann muß sich der Angler später keine Vorwürfe machen, wenn die Pose plötzlich wieder ruhig auf dem Wasser schwimmt, als sei nichts geschehen.

Schlimmer ist es schon, wenn noch Angelfreunde in der Nähe stehen. Während der eine lauthals „Mensch, nun schlag doch an!" ruft, mahnt der andere immer wieder „Ziehen lassen – ziehen lassen!" Nach wessen Stimme man sich auch richten wird, bei einem Mißerfolg klingt es ohnehin aus beider Munde: „Mensch, hätt'ste doch...!"

Mich interessierte natürlich auch, weshalb Zander gelegentlich ein so eigentümliches Beißverhalten zeigen. Kürzlich hatte ich das Glück, mehrere Zander in einem großen Hälterbecken beobachten zu können. Eingeworfene Futterfische verschwanden zügig im Maul der Zander. Schneller, als man glauben möchte, waren sie schon hinuntergewürgt.

Natürlich ließ diese Beobachtung noch keinerlei Rückschlüsse auf das Verhalten der Zanderpose nach dem Anbiß zu. Ich köderte daher ein kleines Rotauge von etwa 12 cm Länge mit einer Schlinge an der Schwanzwurzel an, brachte etwa 80 cm davor ein 10 g schweres Blei an und behielt die Leine in der Hand, nachdem ich das Rotauge eingeworfen hatte. Es wurde sofort von einem Zander genommen, und etwas Erstaunliches war zu sehen: Der Zander bemerkte den Widerstand beim Straffen der Schnur und begann sofort die Richtung zu ändern. Immer wieder schwamm er sowohl vorwärts als auch rückwärts. Es hatte tatsächlich den Anschein, als wolle er auf diese Weise den Köderfisch von der Schnur befreien. Loslassen wollte er ihn aber offenbar auch nicht, selbst wenn er das Bleigewicht ein Stückchen mitziehen mußte. Was ihn störte, war eben die Schnur. Dennoch war der Köderfisch inzwischen schon so weit im Zanderrachen verschwunden, daß nur noch der Schwanz herausschaute. Ich erhöhte nun den Widerstand, indem ich an der Schnur zog. Tatsächlich würgte der Zander daraufhin seine Beute wieder aus und beachtete sie nicht mehr.

Danach dauerte es fast vier Tage, bis die Zander wieder Futter annahmen und ein neuer Versuch gestartet werden konnte. Diesmal ließ ich zwei Schnüre zu Wasser. Die eine blieb völlig unbelastet, wobei der tote Köderfisch auf die Schnur gezogen war und durch einen Knoten festgehalten wurde. Der andere Köderfisch wurde wiederum an einer Schwanzschlinge und mit vorgeschaltetem Blei zu Wasser gelassen.

Fisch Nummer eins wurde sofort verschlungen, wobei die schlaff im Wasser hängende Schnur den Zander überhaupt nicht störte, der nach dem Verzehr völlig ruhig am Boden stand. Der zweite Fisch wurde von einem anderen Zander genommen, und dieser zeigte nun das gleiche Verhalten wie schon einige Tage zuvor sein Artgenosse. Auch er versuchte durch Vor- und Zurückschwimmen den Fisch von seiner Schnur zu befreien. Erst nachdem er ein Stück in Richtung Bleigewicht geschwommen war, so daß die Schnur nun lose am Boden lag, verschlang er den Fisch.

Wie diese Experimente beweisen, hat das eigentümliche Verhalten der Pose nach dem Anbiß eines Zanders eine recht einfache Ursache. Die Pose spiegelt lediglich die Bewegungen des Zanders wider, wenn er seine Beute von der Schnur befreien will.

Ein zweites Experiment folgte. Ich wollte wissen, ob Zander in der Lage sind, einen Fisch wieder herauszuwürgen, wenn der Haken in ihrem Maul noch nicht richtig gefaßt hat. Wieder ließ ich also einen angebundenen Köderfisch zu Wasser, der auch sofort genommen wurde. Nun zog ich kurz und kräftig an der Schnur, worauf der Zander kreuz und quer durchs Becken sauste, sich wie ein naßgewordener Hund einmal schüttelte und dann regungslos an seinem ursprünglichen Platz stehenblieb. Er machte aber keinen Versuch, den Köderfisch wieder auszuspeien. Selbst dann nicht, als ich nochmals kurz an der Schnur ruckte. Statt dessen scheuchte er wieder nur sämtliche anderen Fische durch sein aufgeregtes Herumsausen durcheinander. Der Köderfisch jedoch blieb verschluckt, und nach etwa einer Stunde gab ich die Beobachtung auf.

Abb. 74. Den zeigt man gerne vor

Inzwischen hatte ich dem anderen Zander mit einem kurzen Ruck die Schnur aus dem Maul gezogen. Er schien diesen Vorgang nicht einmal zu bemerken, denn er blieb ruhig an seinem Platz stehen. Da die Schnur nur am Schwanz der Köderfische befestigt war, konnte ich sie mit einem kurzen Ruck auch dem ersten Zander wieder entreißen.

Fazit dieser Experimente: Je größer der Widerstand, den der mit dem Köder abziehende Zander bemerkt, um so ungewöhnlicher die Bewegungen der Pose. Und je größer die Schnurspannung nach dem Anbiß wird, um so größer die Gefahr des Loslassens der Beute durch den Zander. Lange Vorfächer, wie sie in mehreren Kapiteln dieses Buches empfohlen werden, haben daher auf die Erfolgsaussichten des Anglers einen großen Einfluß.

In diesem Zusammenhang noch ein Wort zu den sogenannten Schwanzkneifern unter den Zandern. Besonders beim Angeln im Fließgewässer kommt es oft vor, daß ein angreifender Zander den mit Lippenköderung angebotenen Köderfisch vom Schwanz her packt. Es ist durchaus nicht ungewöhnlich, wenn der Fisch dann mit dem Schwanz voran hinuntergeschluckt wird. Kleinere Exemplare lassen den Köder aber gern wieder los. Deutlich sind dann am Schwanzstiel die Zahnspuren des Zanders zu erkennen.

Mit geschlossenem Schnurfangbügel angeln?

Dem Leser wird aufgefallen sein, daß in diesem Buch fast nur von Bißanzeigesystemen die Rede war, die mit geöffnetem Schnurfangbügel arbeiten. Es gibt aber immer wieder Situationen, bei denen man auch mit dem geschlossenen Bügel arbeiten kann. So ist z. B. beim Schleppfischen, Spinnfischen oder Pilken der Bügel immer geschlossen. Er muß in diesen Fällen sogar geschlossen sein, weil sich diese Methoden sonst überhaupt nicht anwenden ließen. Außerdem muß beim Fischen mit der Schwingspitze der Schnurfangbügel geschlossen sein, und der Angler gehört unmittelbar an die Rute, damit er bei einem Anbiß durch Öffnen des Bügels Schnur geben kann.

Viele Angler ziehen es vor, ihre Grundangel auf zwei Rutenhalter waagerecht abzulegen. Die Bißanzeige erfolgt dann über eine in die Schnur gehängte Beschwerung zwischen erstem und zweitem Rutenring hinter der Rolle. Auch hier muß der Bügel geschlossen sein, weil sonst die eingehängte Beschwerung so lange Schnur von der Rolle zieht, bis sie den Boden erreicht hat.

Obwohl beim Zanderangeln der offene Schnurfangbügel bevorzugt wird, kann der Angler bei den hier angeführten und bei sicher noch einigen anderen Methoden nur mit geschlossenem Bügel arbeiten. Grundsätzlich gehört der Fischer dann aber unmittelbar an die Rute.

Welche Schnurstärke ist richtig?

Obwohl schon in verschiedenen Kapiteln dieses Buches Hinweise auf benötigte Schnurstärken gegeben wurden, sollen hier noch einmal spezielle Untersuchungen angestellt werden.

Der Zanderangler hat es grundsätzlich zwar mit starken, aber nicht mit wütend kämpfenden Fischen zu tun. Andererseits ist beim Fischen mit Lebend- oder Kunstködern immer zu bedenken, daß sie Welsen und Hechten sowie Barschen und Aalen sicher ebenso gut ,schmecken' werden. Hier eine richtige Aussage zu machen, ist recht schwierig. Ein erfahrener Angler wird mit einer 0,25 mm starken Schnur so ziemlich jeden Fisch aus dem Süßwasser ziehen können, wenn es keine Hindernisse birgt. Andererseits schützt auch eine Schnur von 0,50 mm Stärke nicht vor Hängern und deren Folgen.

Eine Schnurstärke von 1:1 (Fischgewicht zu Tragfähigkeit der Schnur) gilt allgemein als normal, unter Könnern als grob. Diese Zahlenangabe bedeutet nichts anderes, als daß man einen Fisch von 5 kg Gewicht mit einer 0,30er Schnur, die ungefähr eine Tragfähigkeit von ebenfalls 5 kg besitzt, sicher landen kann. Oft wird die Haltbarkeit der Schnur unterschätzt, und erst bei einem knackigen Hänger wundert sich der Angler über die fast unglaubliche Reißfestigkeit des Materials. Da man Hänger nun niemals über die Rutenspitze löst, sondern die Schnur vor der Rutenspitze auf ein kleines Holzstück wickelt und dann versucht, den Hänger zu lösen, kommt bei einem Drill die Federkraft der Rute noch zur Tragfähigkeit der Schnur hinzu. Aus diesem Grunde muß der Praktiker bei Sprüchen, wie z. B. dem folgenden, stets sehr skeptisch sein: „Also heute hatte ich einen am Haken, der zerriß meine 0,50er wie einen Zwirnsfaden." Dabei hat jeder unglaubliche Mühe, diese starke Schnur bei einem Hänger überhaupt zu zerreißen. Wie groß müßte wohl ein Fisch gewesen sein, der das hätte zuwege bringen sollen?

Eine Schnur mit einer Tragfähigkeit von etwa 2,7 kg ist für das Zanderangeln angemessen. Diese Schnur hat einen Durchmesser von etwa 0,22–0,25 mm, und das Verhältnis von Tragfähigkeit zu Fischgewicht liegt jetzt bei ungefähr 1:2. Viele Zanderspezialisten gehen noch feiner an die Sache heran und verwenden Schnüre bzw. Vorfächer von 0,15–0,18 mm Durchmesser. Da man aber immer daran denken muß, daß der Anhieb auch bis zum Fisch durchgebracht werden soll, ohne die Schnur zu sprengen, gibt es eine Grenze, die einfach nicht unterschritten werden darf.

Ein erfahrener Angler wählt seine Schnurstärke nicht nur nach dem zu fangenden Fisch, sondern auch nach den Begleitumständen. Weite Wurfentfernungen mit größeren Gewichten bedingen stärkere Schnüre als Angeln im Nahbereich. Und hindernisreiches Wasser wird bei der Auswahl der Schnüre ebenfalls berücksichtigt. Eine montierte Angelrute erfordert vom Haken bis zur Rolle eine Vielzahl von Überlegungen. Stimmt alles, stellt sich meistens auch der Erfolg ein.

Wie schlägt man richtig an?

Immer wieder kann man die gleiche Szene beobachten: Da taucht plötzlich die Pose ab, signalisiert einen Anbiß, und schon beginnen die umstehenden ‚Experten' den Angler zu verunsichern. Noch abwarten oder gleich anschlagen? Nun wird der Anfänger, um gegen mögliche ‚Unfälle' gewappnet zu sein, in der Regel erst einmal auf sein allzu dünnes Vorfach hinweisen und fragen, ob es wohl halten könne. Meistens enden solche Diskussionen am Wasser dann dadurch, daß der Korken plötzlich wieder regungslos an der Wasseroberfläche steht und der Zander sich ein anderes Opfer sucht.

Anschlagspezialisten wissen genau, wann der Anhieb gesetzt werden muß. Da lassen sie sich von niemandem hereinreden. Beim Angeln mit Spinner, Wobbler oder Blinker fallen Anbiß und Anhieb fast immer zusammen, denn sowie ein Ruck am Köder zu spüren ist, reißt der Angler die Rute entweder zur Seite oder nach oben, und schon sitzen die Haken im Fischmaul fest. Es kann nicht schaden, anschließend noch einen zweiten Anhieb zu setzen, denn wie schon an anderer Stelle gesagt: Das Zandermaul ist besonders hart.

Wie wir schon am Anfang des Kapitels gesehen haben, wird es beim Posen- oder Grundbleiangeln auf Zander mit dem lebenden Köderfisch bedeutend schwieriger, den richtigen Moment zum Anhieb zu erkennen. Dies trifft besonders auf jene Bisse zu, die den Zander scheinbar unschlüssig zeigen, weil die Pose so eigenartige Bewegungen macht. Man sollte aber immer daran denken, daß die Pose nur deshalb in Bewegung ist, weil der Zander unten mit seiner Beute im Maul umherschwimmt. Der Angler kann daher Schnur aufkurbeln und sobald sich die Schnur langsam spannt, den Anhieb setzen.

Der Anhieb muß um Bruchteile einer Sekunde eher kommen, als der Zander Verdacht schöpfen und seine Beute wieder freigeben kann. Wesentlich schwieriger wird es, wenn der Zander den Köderfisch zügig nimmt, die Pose abtaucht und anschließend nicht mehr zu erkennen ist, wohin sich der Fisch mit seiner Beute verkrümelt hat. In Abb. 75 sind die Kapriolen eines Zanders nach dem Anbiß zum besseren Verständnis ein wenig übertrieben dargestellt. Es ist aber deutlich zu erkennen, daß ein unkontrollierter Anhieb in dieser Situation nicht einmal die Schnur glätten würde. An ein Eindringen des Hakens ins Zandermaul ist hierbei überhaupt nicht zu denken. Es muß durch vorsichtiges Aufkurbeln der Schnur zunächst Kontakt zum Fisch hergestellt werden und dann, ohne jede weitere Verzögerung, sofort ein kräftiger Anhieb folgen.

Die Rutenlänge hat beim Anhieb eine entscheidende Bedeutung. Für weite Wurfentfernungen sind kurze Ruten ungeeignet,

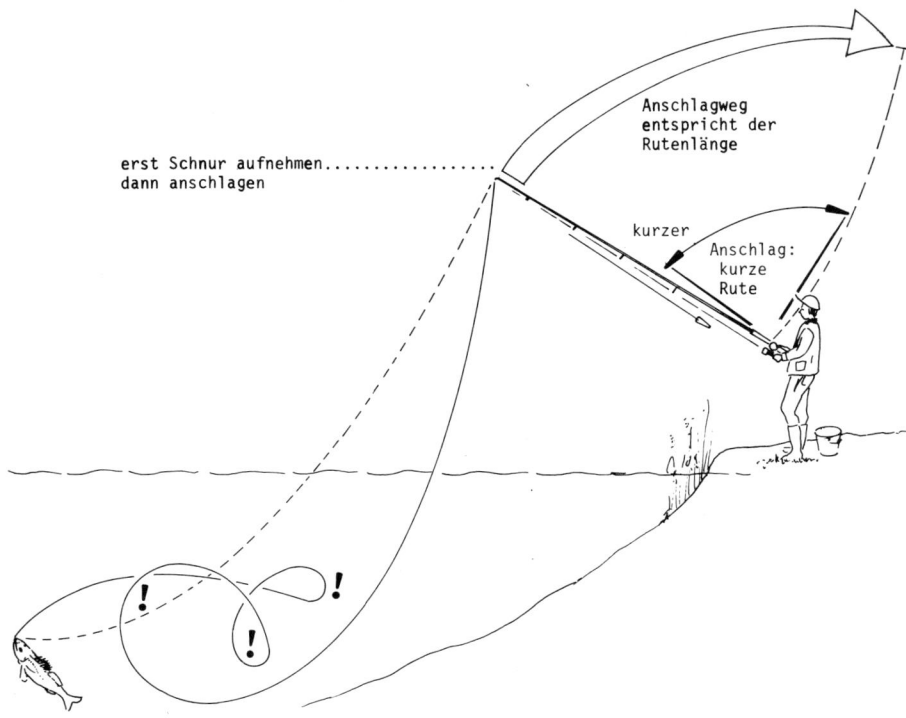

Abb. 75. Erst Kontakt mit dem Fisch aufnehmen und dann den Anhieb setzen

aber auch beim Bootsangeln sind kurze Ruten nicht immer zu empfehlen, da sie einen zu kurzen Weg für den Anschlag bieten. Rutenlängen von etwa 2,70 m sind daher für das Bootsangeln angezeigt.

Keschern, Gaffen und Schwanzwurzelgriff

Ist der Zander endlich am Haken, folgt die für Angler und Umstehende nächstschwierige Prozedur des Landens. Auch hierbei weiß es natürlich jeder besser, bis man dann einem der ,Lautsprecher' das Landegerät in die Hand gibt. Da gibt es dann oft die tollsten Über-

raschungen. Meistens wird es besser sein, die Landung des Fisches
selbst zu bewerkstelligen.

Haben wir den Kescher aufgeklappt am Ufer liegen und ist er
vor allem auch groß genug, um einen größeren Fisch damit unter-
fangen zu können, dann gibt es eigentlich keine besonderen Probleme. Zander sind nach dem Abdrillen meistens recht behäbige
Fische, die man nur noch über die ruhig im Wasser liegende Ke-
scheröffnung zu führen braucht. Langsam zieht man dann den Kescher zu sich heran und hebt den Fisch aus dem Wasser, wie es
Abb. 76 genau zeigt.

Beim Versuch, den schweren Fisch mit waagerecht gehaltenem
Kescher aus dem Wasser zu heben, gibt es gar zu leicht nicht nur
Bruch, sondern meistens auch noch lautstarke Flüche, die dann
weithin über das Wasser hallen. Der Kescher ist dann meistens so
verbogen, daß er sich für den gleichen Zweck vorerst nicht mehr
verwenden läßt.

Viele Angler benutzen zur Landung von Hecht und Zander einen Gaffhaken, weil diese Fische verhältnismäßig lang werden
können und Kescher mit so großen Öffnungen ziemlich unhandlich sind.

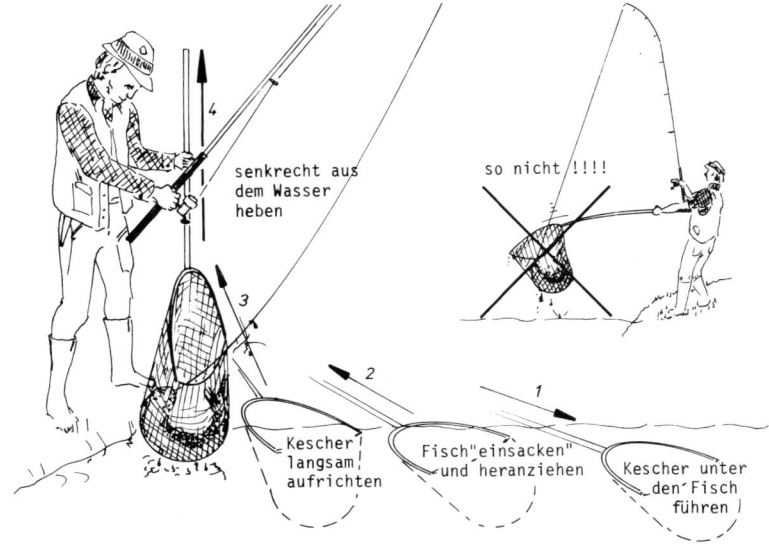

Abb. 76. Richtig keschern

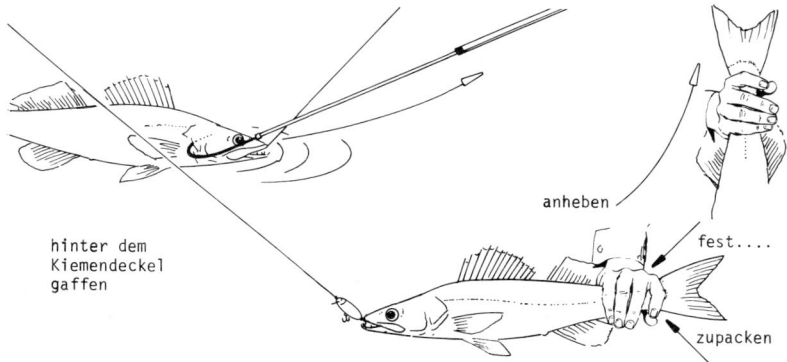

anheben

hinter dem
Kiemendeckel
gaffen

fest....

zupacken

Abb. 77. Landung mit dem Gaffhaken und mit Schwanzwurzelgriff

Es ist nicht jedermanns Sache, mit dem Gaffhaken fachgerecht umzugehen. Die Anwendung ist jedoch recht einfach, denn gerade Zander sind nach dem Drill verhältnismäßig ruhige Fische. Und da es sich immer mehr einbürgert, gefangene Fische nach dem Fang wieder freizulassen, wie es in England auch ohne Sportfischerprüfung schon lange auf freiwilliger Basis geschieht, sollte man den Gaffhaken nur so in den Fisch einbringen, daß es keine lebensbedrohenden Verletzungen gibt. In Abb. 77 wird gezeigt, wie der Haken vorsichtig hinter dem Kiemendeckel ansetzt und der Fisch dann vorsichtig an Land gebracht wird.

Kommt der Fisch jedoch aus großer Wassertiefe, dann wird ein erwogenes Zurücksetzen fraglich und zum Risiko für den Fisch. Schon oft gingen Zander selbst bei schonendster Behandlung nach kurzer Zeit ein, weil sie durch den plötzlichen Druckabfall an der Oberfläche Schaden genommen hatten.

Niemals sollte versucht werden, einen Zander mit dem Augengriff oder durch Umfassen der Kiemendeckel zu landen. Erstens sind die Augenhöhlen des Zanders nicht sehr tief, und zweitens sind die Ränder unangenehm scharf und können zu Verletzungen führen. Für den Kiemengriff gilt das gleiche. Hierbei sind es dornartige Verlängerungen, die ebenfalls zu Verletzungen führen können.

Ist das Ufer flach, der Zander besonders groß und weit und breit kein Kescher oder Gaffhaken in Sicht, unterfaßt man den im Wasser liegenden Fisch mit beiden Händen, drückt ihn sofort gegen den eigenen Körper und geht ans Ufer. Da der Zander nicht so schleimig wie ein Brassen ist, zudem noch Kammschuppen besitzt, kann man ihn auf diese Weise ziemlich fest halten.

Eine weitere Landemethode, die allerdings nur selten zu sehen ist, besteht in der richtigen Anwendung des Schwanzwurzelgriffes, wie ihn Abb. 77 ebenfalls zeigt. Zu beachten ist hierbei, daß Daumen und Zeigefinger der Greifhand an der dünnsten Stelle des Fischschwanzes zupacken. Rechtshänder müssen also darauf achten, daß der Fisch bei der Landung mit dem Kopf nach rechts zeigt. Anderenfalls muß der Angler den Schwanzwurzelgriff von unten her anwenden.

Hältern von Zandern

Da beim Zanderangeln immer mit der Möglichkeit zu rechnen ist, mehr als einen Fisch zu fangen, tritt die Frage nach richtigem Hältern der Fische in den Vordergrund. Gerade Zander, die ja Kammschuppen haben, verletzen sich gegenseitig, stehen sie zu eng beieinander. Im Boot gibt es meistens kein Problem, da richtige Anglerboote mit einem Fischkasten ausgerüstet sind. Schwieriger wird es beim Angeln vom Land oder von einem Steg aus.

Im Zusammenhang mit dem Hältern kommt es unter Anglern immer wieder zu den bekannten Diskussionen. Im Vordergrund steht dabei die Frage, weshalb man die Fische überhaupt hältern muß. Und meistens wird sie von jemandem gestellt, der an einem Beißtag leer ausgegangen ist.

Es gibt verschiedene Gründe, die Fische zunächst zu hältern. Im Vordergrund steht dabei immer das Gefühl, der nächste gefangene Fisch könne womöglich noch ein wenig größer sein als der soeben gefangene. Zudem könnten selbstverständlich auch Angelfreunde vorbeikommen. Denen kann man zwar erzählen, schon fünf Zander wieder zurückgesetzt zu haben, so daß der Setzkescher jetzt leer sei. Da aber die Reaktion mancher Freunde bekannt ist, hältert man meistens doch lieber den ersten gefangenen Fisch. Und ein schönes

Photo von einem guten Fang ist schließlich auch nicht zu verachten.

Dem gefangenen Fisch wird durch Hältern allerdings kein Gefallen getan. Aber im Gegensatz zu vielen anderen Tieren, die der menschlichen Ernährung dienen und dafür allerlei Unbilden in Kauf nehmen müssen, kommen die Fische der Angler noch verhältnismäßig gut davon. Meistens landet der größte schließlich im Rucksack des Fischers, und die restlichen erhalten ihre Freiheit wieder.

Zum Hältern von Fischen, insbesondere von Zandern, sind großräumige Setzkescher, wie sie in England schon lange verwen-

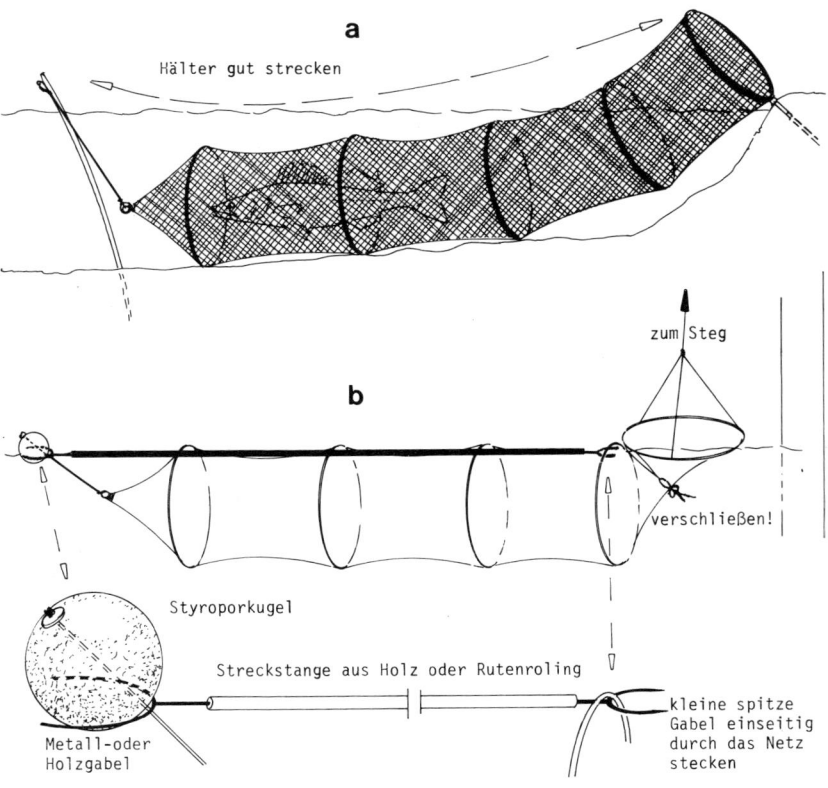

Abb. 78. Setzkescher muß zur schonenden Hälterung waagerecht liegen

det werden, durchaus erforderlich. Damit die Fische nicht ständig gegen die Menschen schwimmen, muß der Setzkescher weit ins Wasser hinabreichen und an seinem Ende gut befestigt werden.

An Kaimauern und Stegen ist eine Befestigung des Kescherendes wegen der dortigen Wassertiefe nicht möglich. Außerdem zeigt der Setzkescher nun senkrecht ins Wasser, während der Fisch waagerecht im Setzkescher schwimmt. Wegen der geringen Durchmesser der Kescherringe stößt der Fisch nun ständig gegen Maschen und verletzt dabei seine Schleimhaut.

In Abb. 78 wird eine Lösung dieses Problems gezeigt. Man steckt eine entsprechend lange Bambusstange durch die Ringe des Setzkeschers und befestigt an deren Ende eine Drahtgabel. In diese Gabel kommt eine Styroporkugel, die vorher mit einer Schnur an das Ende des Setzkeschers gebunden wurde. Das andere Ende der Holz- oder Bambusstange erhält ebenfalls eine kleinere Gabel, die dann hinter den ersten Kescherring gesteckt wird. Der Setzkescher schwimmt nunmehr schön gestreckt an der Oberfläche, und die gehälterten Fische können zum Schwimmen die gesamte Kescherlänge nutzen.

Sind Zander auch als Köder verwendbar?

Erfahrene Hechtangler kennen für den Ansitz auf einen alten Großhecht oft keinen besseren Köder als einen kleinen Hecht. Und daß gerade die sogenannten Edelfische gute Raubfischköder sind, ist inzwischen auch kein Geheimnis mehr. Natürlich wehren sich Gewässerpächter gegen solches Treiben, denn wie sollen sie unterscheiden, ob der benutzte kleine Hecht oder die quicklebendige Köderforelle vorher in einer Fischzucht gekauft oder erst am Wasser gefangen wurden?

So wundert es eigentlich nicht, daß auch der kleine Zander in der Regel unter die Schonbestimmungen fällt. Daß er als Köder einen Abnehmer fände, daran ist bestimmt nicht zu zweifeln, denn Raubfische fressen so ziemlich alles, was da im Wasser Flossen hat, und noch einiges mehr.

Wer Fische als Köder benutzen möchte, die vom Gesetzgeber und vom Fischwasserbesitzer oder -pächter durch Aufdruck von Mindestmaßen auf dem Erlaubnisschein geschützt sind, muß sich daher auch an diese Mindestmaße halten. Da diese in der Regel für Hecht und Zander bei mindestens 50 cm liegen, wäre eine Verwendung eines z. B. 55 cm langen Zanders höchstens etwas für die Witzseite einer Zeitschrift.

Besatzfragen

Zanderbesatz in Neugewässern

Es ist nicht zu empfehlen, in Neugewässer sofort eine große Anzahl Zander einzusetzen. Besser ist es, den Rat eines versierten Fachmannes einzuholen und auf dessen Weisung das Gewässer dann zunächst mit 20 % Hechten, 40 % Barschen, 35 % Rotaugen und 5 % anderen Fischen oder sogar Krebsen zu besetzen. Diese Angaben beziehen sich auf annähernd gleichgroße Besatzfische und somit auf die Stückzahl.

Anfangs werden die Angler dann in solchen Gewässern nach alter Stauseeregel auffallend viele Hechte fangen. Die Stauseeregel besagt nämlich, daß in einem Gewässer mit normalen Hechtfängen nach dem Stau die Zahl der Hechte und auch ihre Größe vorübergehend stark zunimmt. Nach einigen Jahren tritt dann wieder eine Normalisierung ein. Durch die plötzliche Vergrößerung des Lebensraumes bei zunächst gleicher Anzahl von Fischen wächst ein viel größerer Anteil der Hechtbrut zu fangfähigen Fischen heran als sonst, denn die Nahrungstiere des Hechtes vermehren sich explosionsartig. Erst wenn in den folgenden Jahren auch die Zahl der Brutfeinde entsprechend zugenommen hat, kommt es wieder zu normalen Verhältnissen.

Die Zahl der Brassen und anderer karpfenartiger Fische nimmt in den folgenden Jahren stark zu, und erst jetzt ist die Zeit für Zanderbesatz gekommen.

Karpfenteiche erfreuen sich als Fischgewässer zur Zeit steigender Beliebtheit bei den meisten Angelvereinen. Solche Teiche werden oft nur mit Karpfen und Forellen besetzt, Hechte und Zander aber aus Angst vor Karpfenverlusten ferngehalten. Die Folge ist, daß im Laufe einiger Jahre kaum noch Karpfen in solchen Gewässern gefangen werden können, weil durch Vögel eingebrachter

Laich von Rotaugen und Brassen zu einer Übervölkerung der Teichanlage mit kleinwüchsigen Fischen führt. Ein Besatz mit Jungzandern würde hier schnell für Abhilfe sorgen, ohne dem Karpfenbestand zu schaden. Dies gilt natürlich nur für solche Teiche, in denen die Karpfen nicht ablaichen, was allerdings häufig der Fall ist.

Es gibt nun Gewässer, die sich für den Zanderbesatz besonders eignen, weil alle Voraussetzungen für guten Abwuchs und Vermehrung der Fische gegeben sind. Der Fang von Jungzandern einige Jahre nach Beginn des Besatzes zeigt dann, daß die Besatzmaßnahme von Erfolg gekrönt war.

Finden die Zander aus verschiedenen Gründen keine Möglichkeit, sich im Gewässer zu vermehren, dann kann jährlicher Besatz hier zwar keinen Ausgleich schaffen, aber immerhin einen kleinen Bestand dieser Fischart erhalten.

Zanderbesatz im Hechtgewässer

Versuche, Zandersetzlinge in Hechtgewässer einzubringen und dadurch einen Stamm laichfähiger Zander heranzuziehen, sind schon oft gescheitert. In sehr großen Gewässern verlieren sich die Setzlinge in der Weite des Wassers, und was nicht den Hechten oder anderen Räubern zum Opfer fällt, gerät nur noch durch seltenen Zufall an eine Angel.

Vermutlich erreichen nur etwa 3 % der eingebrachten Setzlinge fangfähige Größen, und von diesen wachsen nur ca. 3 % zu Kapitalen heran. Von 10 000 Setzlingen bleiben also etwa 300 Stück übrig, die ein fangfähiges Alter erreichen, und von diesen werden keine zehn Stück kapital. Erfolg mit Zanderbesatz in Hechtgewässern kann sich auf die Dauer also nur einstellen, wenn die wenigen heranwachsenden Exemplare zur Eiablage kommen und die sonstigen Verhältnisse des Gewässers ein Aufkommen von Brut zulassen.

Wesentlich teurer als der Besatz mit Jungzandern ist das Einbringen von bereits laichfähigen Fischen. Dafür wird sich die Verlustrate jedoch in Grenzen halten.

Immer wieder wird behauptet, daß der Zander den Hecht im gleichen Gewässer verdrängt. Möglicherweise geht der Ursprung dieser These darauf zurück, daß man beim Zanderangeln oft mehrere Fische an der gleichen Stelle fängt, weil Zander, im Gegensatz zum Hecht, Rudelfische sind.

Noch ein Wort zur ‚Verdrängung‘ der Hechte eines Gewässers durch aufkommende Zander. In Mitteleuropa nehmen die Zanderbestände in steigendem Maße zu. Dies wird auf immer stärkere Eutrophierung der Gewässer zurückgeführt, bei der also das Wasser fruchtbarer, trüber und dem Zander immer zuträglicher wird. Früher herrschte in Fischereikreisen die Ansicht vor, in Hechtgewässern könnten Zander nicht aufkommen. Sie würden von den Hechten weggefressen. Das Gegenteil scheint aber mit zunehmender Wassertrübung der Fall zu sein. Vermutlich dezimieren die behäbigen Zander auf den flach überstauten Hechtlaichplätzen Hechtbrut und -setzlinge in großer Menge. Dagegen werden Hechte den Zandergelegen und der Brut nicht gefährlich, da der Zandermilchner das Gelege noch lange Zeit nach der Eiablage bewacht. Die kleinsten Zander fächeln sich durch ganz systematische Schwanzbewegungen den erforderlichen Sauerstoff zu. Sie brauchen also nicht in die für sie gefährlich freie Wasserzone, wo es mehr Sauerstoff gibt, zu schwimmen. (Siehe hierzu auch: J. Tölg, ‚Fortschritte in der Teichwirtschaft‘. Verlag Paul Parey, Hamburg und Berlin.)

Es wäre erwünscht, könnte die Fischereiwissenschaft uns über derartige Verdrängungsvorgänge unter Fischarten bald ganz konkrete Erkenntnisse liefern, die z. B. die obigen Beobachtungen und Vermutungen erhärten.

Besatzhälterung

Der Grund für Besatzfischverluste nach dem Einsatz liegt oft bereits in nicht sachgemäßer Hälterung. Hier werden gerade beim Zander manchmal noch grobe Fehler gemacht, die es abzustellen gilt.

Der Streß für den zu hälternden Fisch beginnt schon beim Herausfangen aus dem Aufzuchtgewässer. Und selbst bei schonender Verwendung der Fanggeräte kommt es zu intensiven Berührungen der Fische untereinander. Beschädigungen durch die scharfen Kammschuppen dieser Fischart bleiben nicht aus.

Beim Sammeln der Fische in großen Hälterbecken muß darauf geachtet werden, daß zumindest die Wasserqualität weitgehend den Verhältnissen entspricht, unter denen die Zander bisher gelebt hatten. Man gibt den Zandern nun Gelegenheit, in einer bis zu drei Tage währenden Fastenzeit ihren Darm zu entleeren. Dies ist unabdingbare Voraussetzung für den späteren möglichst verlustarmen Transport ins Zielgebiet.

Nachdem sich die Fische gereinigt haben, sind sie für den nachfolgenden Transport zum Besatzgewässer geeignet. Dabei bringt der Transport sehr vieler Fische auf engstem Raum erneut große Probleme, die gemeistert werden müssen.

Überwiegend werden die Besatzfische in den meist rechteckigen Becken durch ein ausgeklügeltes System mit Sauerstoff versorgt. Zugleich wird eine künstliche Strömung erzeugt, gegen die sich die Zander manchmal in mehreren Etagen übereinander schwimmend aufreihen. Verletzungen der Fische untereinander werden dadurch seltener.

Einige Besatzfischzüchter sind dazu übergegangen, die Sauerstoffversorgung der Fische während des Transportes nicht mehr mit Hilfe von Sauerstoff aus Stahlflaschen vorzunehmen, wobei es leicht zu Verbrennungen der Kiemen kommen kann, sondern durch ständige Berieselung der Wasseroberfläche im Transportbehälter mit Wasser.

Starke Tauchpumpen in den Transportbehältern werden durch das Bordnetz der Transportfahrzeuge angetrieben, saugen das Wasser aus den Behältern in ein Düsensystem und drücken es von dort wieder zurück in den Behälter. Zur Übersättigung des Wassers mit Sauerstoff kann es bei diesem System nicht kommen, und die Verlustraten beim Transport liegen deutlich niedriger. Selbst Transporte in entlegene Gebiete mit stundenlanger Anfahrt werden jetzt leichter gemeistert. Hinzu kommt, daß durch die ständige Berieselung der Oberfläche im Transportbehälter sich auch hier eine leichte Strömung einstellt und die Zander veranlaßt, sich gegen die Strömungsrichtung aufzustellen, statt ruhelos umherzuschwimmen, wie es im ‚stehenden Wasser' zu beobachten ist.

Völlig ausschließen kann man die Verletzungsgefahr durch gegenseitiges Berühren beim Transport aber nicht, so daß ein gewisses Risiko bestehen bleibt.

Es hat sich bewährt, Zander beim Transport mit Schleien zu mischen. Durch die dicke Schleimschicht der Schleie wirken diese als Puffer, ohne selbst dabei ernstlich verletzt zu werden. Andere Fischarten als Puffer zu benutzen, hat sich nicht bewährt. So gingen z. B. Rotaugen nach dem Transport mit Zandern durch die dabei erlittenen Verletzungen ein.

Nach dem Einsatz in das neue Gewässer benötigen die Zander eine lange Eingewöhnungsphase. Fachleute empfehlen den Besatz im Spätherbst mit anschließendem Angelverbot. Der Winter mit seiner Eisdecke über dem Gewässer sorgt dann ohnehin für weitere Ruhe, zumindest von außen. Den Zanderfeinden im Gewässer selbst kann das Handwerk allerdings nicht gelegt werden.

Was der Angler vom Zander wissen sollte

Allgemeines

Der Zander (*Stizostedion lucioperca* L.) gehört zur Familie der barschartigen Fische, Percidae, und ist in Europa weit verbreitet. Seine ursprüngliche Heimat ist nicht genau bekannt. Es steht aber fest, daß seine Verbreitung in Europa von Osten her begann. Dort ist er auch heute noch bis weit ins südliche Sibirien, bis zum Kaspischen Meer und im Uralsee mit allen anschließenden Gewässern stark vertreten.

Man nimmt an, daß der Zander nach der Eiszeit durch die Ostsee in die Flüsse Mitteleuropas vordrang. Sehr früh wurde er auch schon in der Donau nachgewiesen, wo er heute noch, besonders im Unterlauf, in großer Zahl vorkommt.

Während er inzwischen in vielen deutschen Flüssen und Seen einen guten Bestand bildet, fehlt er südlich der Alpen in den Flüssen Po und Etsch. Im südlichen Norwegen und in Schweden wurde er kurz vor der Jahrhundertwende ausgesetzt und besiedelt dort jetzt ebenfalls einige Gewässer. Durch Besatz kam der Zander auch in französische Gewässer und hat dort nach gelegentlichen Kapitalfängen inzwischen schon von sich reden gemacht.

Die jeweiligen Namen in den verschiedenen Regionen zeigt Abb. 79.

Im Vergleich zum Hecht mit seiner markanten Körperform und zum etwas hochrückigen Barsch ist der Zander eher spindelförmig und schlank gebaut. Das Zandermaul ist endständig; die Maulspalte reicht bis zum hinteren Augenrand. Das Maul ist mit vielen kleinen Zähnen besetzt. Darunter fallen die größeren, sogenannten Fangzähne, auf, auch Hundszähne genannt. Im Gegensatz zum Hecht können Zander mit ihren Zähnen beim Drill die Schnur nicht durchscheuern.

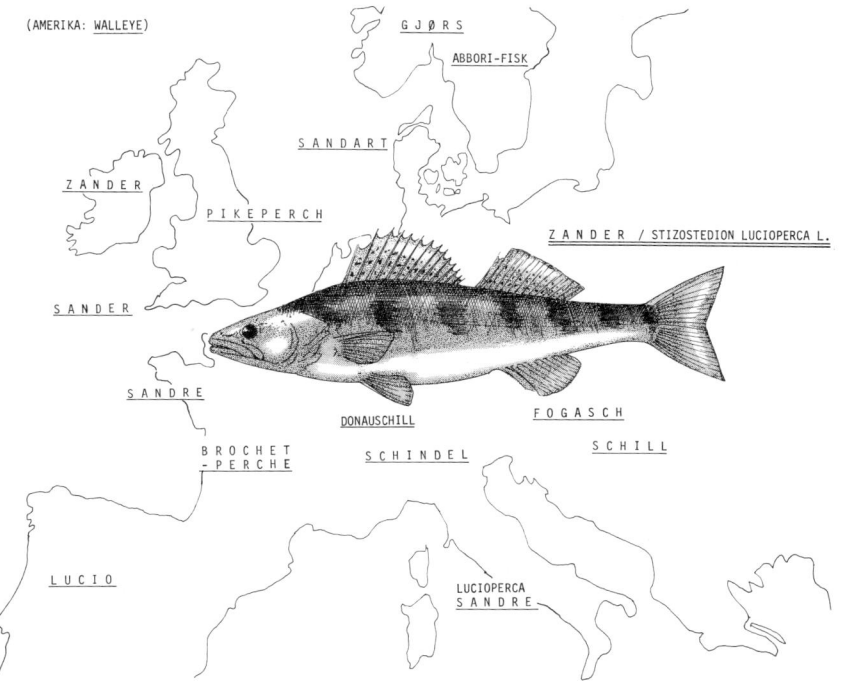

Abb. 79. Die unterschiedlichen Namen des Zanders

Der gesamte Körper ist mit den barschtypischen Kammschuppen besetzt und vom Rücken her mit 7–10 dunklen Streifen bis über die Seitenlinie hinaus versehen. Bauch und Flanken schimmern silbrigweiß, während der übrige Körper grünlichgraue Färbung aufweist.

Zwei dicht hinteinanderstehende Rückenflossen geben dem Zander ein imponierendes Aussehen, dabei geht die größte Gefahr für den Angler von der hartstrahligen vorderen Rückenflosse aus. Oberhalb der Flankenmitte verläuft die leicht geschwungene Seitenlinie und tritt mit ihren oft verschiedenfarbig schillernden gelbgoldfarbig unterlegten schwarzen Punkten deutlich hervor.

Auffällig und eigenartig sind für den Betrachter Art und Form der Augen. Sie sind groß, stark vorgewölbt und scheinen aus Glas zu bestehen. Sie bieten dem Zander gute Sehfähigkeit bei seinen

Raubzügen während der Dämmerung. Völlige Finsternis macht natürlich auch den Zander blind, aber durch seine empfindliche Seitenlinie kann er sich auch dann über das Geschehen ringsum bestens orientieren.

Die Seitenlinie aus ineinandergereihten kleinen Öffnungen in den Schuppen gibt auftreffende Reize präzise an das Gehirn weiter. Das Seitenlinienorgan dient dem Zander nicht nur als Ferntaster und Druckveränderungsanzeigegerät, sondern auch als Warnsystem und Wegweiser. Einmündende Wasserläufe, Hindernisse im Wasser und natürlich auch andere Fische werden sicher geortet. Das Seitenlinienorgan stellt in seiner Vielseitigkeit ein Wunder der Natur dar, nicht nur beim Zander, sondern auch bei vielen anderen Fischarten.

Eine Ausnahme bildet der Zander hinsichtlich der Beschaffenheit seines Gehörorgans. Er kann nicht gut hören, ist aber trotzdem sehr geräuschempfindlich. Erschütterungen und Geräusche nimmt er über die Seitenlinie wahr. Deshalb sind lautes Sprechen, Schlagen von Autotüren und Einrammen von Rutenhaltern am Zanderangelplatz verpönt.

Die inneren Organe

Zander sind in der Lage, ihr Schwimmverhalten beim Aufsteigen oder Abtauchen durch Druckregulierung zu steuern. Sie machen dies mit dem sogenannten Oval, einer dünnen, durchlässigen und mit vielen Blutgefäßen angereicherten Region im Bereich der oberen Schwimmblasenwand.

Die Schwimmblase des Zanders ist sehr langgestreckt und nicht, wie bei vielen anderen Fischen, mit dem Vorderdarm verbunden.

Das Herz des Zanders ist in einen Herzbeutel eingeschlossen und besteht aus Vor- und Hauptkammer. Zwischen den Kiemen an der Bauchseite liegend, hat es die Aufgabe, das Blut in einem einfachen Kreislauf durch den Fischkörper zu pumpen. Das in der Vorkammer ankommende Blut ist dabei sauerstoffarm und wird über den sogenannten Bulbus in die große Kiemenarterie getrieben und in die Kiemenblättchen verteilt. In den haarfeinen Kapillaren findet nun der Gasaustausch statt. Das Blut gibt Kohlendioxyd ab und nimmt Sauerstoff auf, und beginnt dann erneut seinen Kreislauf durch den Fischkörper, bis es schließlich wieder in den Kiemen angekommen ist.

Unmittelbar unter der Wirbelsäule liegen die langgestreckten, rotbraunen Nieren. Ihre rotbraune Farbe stammt von den vielen kleinen Blutgefäßen, mit denen sie durchzogen sind. Alle flüssigen Ausscheidungsprodukte des Körpers nehmen ihren Weg zunächst durch die Nieren, die in einem komplizierten Verfahren eine Trennung vom Transportmittel Blut vornehmen. Durch kleine Kanäle werden die Ausscheidungsprodukte dann in den Harnleiter geführt. Der Ausgang des Harnleiters, der sich zuvor noch zu einer Art Harnblase erweitert hat, liegt hinter dem After.

Speicheldrüsen ermöglichen es den meisten Lebewesen, die aufgenommene Nahrung u. a. auch schluckfähig zu machen. Im Zandermaul sind es die Schleimzellen, die nach dem Schnappen eines Beutetieres für entsprechenden Schluckschleim sorgen. So wird das Hinunterwürgen auch größerer Nahrungsbrocken ermöglicht, obwohl der Zander durch seinen engen Schlund in der Regel eher zum Aufnehmen kleinerer Brocken neigt.

Der von den Schleimzellen produzierte Schluckschleim hat mit der Verdauung der Beute nichts zu tun. Diese beginnt erst im Magen des Zanders, der verhältnismäßig klein und nicht sehr dehnbar ist. Auch aus diesem Grunde zieht der Zander kleinere Beute vor.

Die mit sehr starken Ring- und Längsmuskeln ausgestatteten Darmwände mit ihren Verdauungssäften sorgen bei höheren Wassertemperaturen für schnelle Verdauung, bei niedrigeren Temperaturen dauert es dagegen länger. Daraus läßt sich für den angehenden Zanderfreund eine erhöhte Beißfreudigkeit in der warmen Jahreszeit durchaus ableiten.

Hinter dem Magenausgang befinden sich 6 bis 7 Blindsäcke, deren Funktion bisher noch nicht genau erforscht ist. Sie sind aber schon im Jugendstadium der Zander stark ausgeprägt.

Die Leber des Zanders ist mit einer sehr kleinen Gallenblase ausgestattet, die durch regelmäßige Abgabe der grünen Gallenflüssig-

Abb. 80. Ob sie hier beißen?

keit wesentlichen Anteil an der Verdauung hat. Außerdem ist auch die Bauchspeicheldrüse maßgeblich an der Verarbeitung der Nahrung beteiligt. Die Verdauung eines ganzen Köderfisches ohne vorheriges Zerkleinern stellt eine bewundernswerte Leistung der Schöpfung dar. Bei großen Köderbrocken kann dieser Vorgang einige Tage dauern.

Wachstum des Zanders

Mit einer Eiabgabe von etwa 140 000 bis 200 000 Stück je Kilogramm Fischgewicht gehört der Zander bei einer Geschlechtsreife ab dem dritten Lebensjahr zu den fruchtbarsten Süßwasserfischen. Wie bei allen Fischen, interessieren sich auch für seine Eier eine Unmenge anderer Lebewesen, die im etwa 12° C warmen Wasser des Laichmonats meistens schon großen Appetit zeigen.

Die Entwicklung der 5 bis 6 mm langen Larven ähnelt jener der Flußbarsche. Sie sind sehr lichtscheu und gehen bei starker Sonneneinstrahlung ein, wenn die notwendige Trübung des Wassers ihnen keinen Schutz gibt. Schon bald entsteht die erste Pigmentierung der Haut, und nach Verzehr des Dottersackinhalts geht die Zanderbrut zur Kleinsttiernahrung über, wie sie im tierischen Plankton vorhanden ist. Mit dem Wachstum der Jungfische werden auch die Beutetiere größer. Zuerst sind es Rädertierchen, dann Wasserflöhe und Zuckmückenlarven. Später, bei einer Länge von jetzt etwa 7 cm, stellt sich der Zander schon auf Fischnahrung um. Jetzt kommt die um diese Zeit gerade ausschlüpfende Brut der Rotaugen und Brassen dem Jungzander gerade recht.

Inzwischen haben nun auch die Milchner ihre Brutbewachung beendet und sich wieder ins tiefere Wasser verzogen. Mehr und mehr verlagern nun auch die Jungzander ihre Jagdreviere in tiefere Gewässerteile.

Am Ende des ersten Lebensjahres wagen sich die Jungzander schon an größere Beutefische, wie z. B. Lauben, Schneider, Stinte, Gründlinge oder Kaulbarsche heran. Sie führen nun ein richtiges Jägerleben. Immer aber läßt der Zander die Beute auf sich zukommen. Selten verfolgt er seine Beute, wie es kleinere und mittelgroße Hechte manchmal tun.

Im Alter von 5 bis 6 Jahren läßt das anfänglich gute Wachstum langsam nach. Der Zander ist jetzt etwa 50 cm lang und wächst im Jahr noch ca. 5 cm. In Gewässern mit Stintvorkommen ist sein Wachstum etwas besser, eine Länge von 80 cm ist im 10. Jahr keine Seltenheit. Der Fisch bringt nun schon etwa 5 kg auf die Waage. In besonders guten Zandergewässern, wie man sie sowohl im Norden als auch im Süden der Bundesrepublik findet, sind Exemplare im Gewicht um die 10 kg durchaus möglich.

Der größte bisher mit Rute und Rolle gefangene Zander soll sogar 19 kg gewogen haben, obwohl dieser Fisch in keiner Rekordliste auftaucht. Aber was sind schon Rekorde? Ein außergewöhnlicher Glückstag für den Könner. Im normalen Alltagsleben wird man mit Fischen von 3 bis 4 kg schon sehr zufrieden sein müssen, und Tage, an denen der Angler ein Exemplar von mehr als 5 kg erbeutet, wird er in der Fangliste besonders hervorheben.

Zander können sehr lange hungern, manchmal bis zu 1 1/2 Monate lang. Wir sehen daraus, daß es schon aus diesem Grunde schwierig ist, einen Angeltag jedesmal auch zu einem Beißtag werden zu lassen. Wer sich immer noch wundert, daß trotz intensiver Angelei an unseren Gewässern jährlich noch immer wahre Monster an Hechten, Karpfen oder Zandern gefangen werden, sollte in seine Überlegungen das einige Zeilen zuvor Gesagte einbeziehen.

Bisher unbekannte Einflüsse lassen die Zander verschieden stark abwachsen. So werden diese Fische in englischen Gewässern maximal etwa 9 kg schwer. Das ist eigentlich unverständlich, denn das überwiegend günstige und im Jahresdurchschnitt wärmere Klima sollte nach allen bisherigen Erfahrungen besonders zanderfreundlich sein. Es ist aber bewiesen, daß große Fische dort etwa drei bis vier Jahre älter sind als gleichgroße hier bei uns.

Ganz anders liegen die Verhältnisse in Frankreich. Die Rekordmarken dort erreichen jährlich Werte bis zu 13 kg Stückgewicht, und zwar in Gewässern, die für ihren außerordentlich großen Bestand an Futterfischen bekannt sind. Doch auch in einigen Flüssen werden oft größere Fische gelandet als hierzulande.

Obwohl die Verhältnisse in Frankreich und England vom

Abb. 81. Keine Sorge mit dem Mindestmaß

Klima her gesehen fast identisch scheinen, sind die Abwachsraten der Zander sehr verschieden.

Der Zander ist ein bekannt guter Bestandsregulierer. In Gewässern mit übermäßig großem Weißfischbestand stellt er in kürzester Zeit wieder normale Verhältnisse her. So befische ich schon seit Jahren einen alten, nicht schiffbaren Kanal, in dem es von Kleinfischen nur so wimmelte. Es war sehr leicht, hier in kürzester Zeit einen Eimer voller Köderfische in passender Größe zu fangen. Nach dem Besatz mit Zandern wurde es von Jahr zu Jahr schwieriger, überhaupt noch einen kleinen Köderfisch zu fangen. Die Zander hatten, zum Wohle des Gewässers, mit den riesigen Kleinfischschwärmen kurzen Prozeß gemacht.

Die beste Zuwachsrate und eine besonders schöne Färbung zeigen Zander in Gewässern mit Krebsvorkommen zur Zeit der Krebshäutung. Die weichen Krebse werden vom Zander – und nicht nur von ihm – besonders gern gefressen. Es lohnt sich also, in der beißarmen Sommerzeit mit weichen Butterkrebsen den Zandern nachzustellen. So manchen Kapitalen konnte ich auf diese Weise schon zu einem Landausflug verhelfen.

Wolgazander

Im südosteuropäischen Raum lebt der Wolgazander (*Stizostedion volgensis*). Seine Verbreitung reicht bis weit in die österreichische Donau, deren Nebenflüsse und bis zu vielen dort liegenden Seen.

Der Wolgazander unterscheidet sich von unseren einheimischen Zandern dadurch, daß er im Jugendstadium Fangzähne, später aber keine derartigen Reißinstrumente mehr besitzt. Russische Wissenschaftler wollten damit das anfänglich gute, später aber merklich schlechtere Wachstum der Wolgazander begründen, da die Fische mit zunehmender Größe in Ermangelung der Fangzähne dort nur noch kleine Nahrungsfische oder Krebse zu sich nehmen können. Diese Behauptung scheint aber durch angelnde Touristen widerlegt, denen der Fang einiger kapitaler Exemplare gelang, wobei sie gleichzeitig feststellten, daß Wolgazander eine wesentlich kräftiger ausgebildete Streifenfärbung besitzen als unsere heimischen Zander. Sie bissen sogar auf verhältnismäßig große Köderfische von über 10 cm Länge, und die Bisse selbst unterschieden sich in keiner Weise von den Anbissen der bei uns vorkommenden Art.

In der Festigkeit des Fleisches bestanden starke Unterschiede. Das Fleisch der Wolgazander war in seiner Konsistenz fester, was offensichtlich mit dem etwas langsameren Wachstum zusammenhängt.

Amerikanischer Zander

In einer Zeit immer ausgedehnterer Angeltouren in alle Länder der Welt berichten Touristen u. a. vom Fang außerordentlich großer Mengen von Zandern aus den Gewässern Nordamerikas und Kanadas. Es handelt sich hier um die spezielle Zanderart *Stizostedion vitreum*, in Amerika Walleye genannt. Sie wird in Größen zwischen 1 und 5 kg recht häufig gefangen und erreicht sogar bis zu 10 kg.

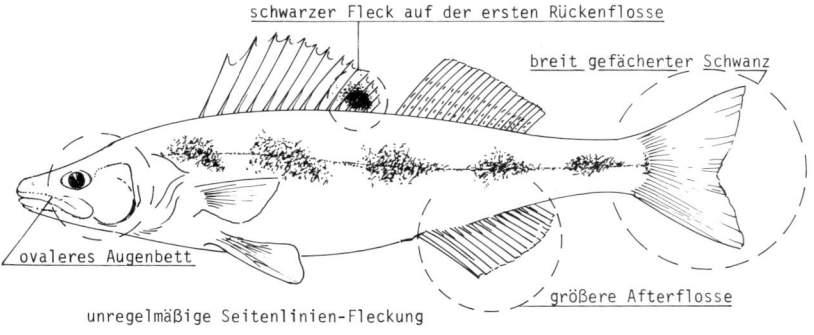

Abb. 82. Der amerikanische Zander, Walleye genannt

Der Walleye ist etwas kleinmäuliger, schwarzrückiger und auch aggressiver als unser europäischer Zander. Er wird sogar in Gewässern mit starker Strömung angetroffen und zeigt im Drill zunächst bodennahe, schnelle Fluchten, die aber bald aufhören, wenn man ihn vom Boden weiter hoch ins Mittelwasser gebracht hat.

143

Der amerikanische Zander wird überwiegend mit Kunstködern gefangen, wahrscheinlich deshalb, weil amerikanische Angler diese Köder bevorzugen.

In einigen Punkten unterscheidet sich der amerikanische Zander vom europäischen. So besitzt er keine regelmäßigen, dunklen Querstreifen vom Rücken zur Bauchseite, sondern nur etwa 4 bis 5 Andeutungen davon in Höhe der Seitenlinie. Auf der ersten Rückenflosse hat er einen stark ausgeprägten schwarzen Fleck. Weitere Abweichungen vom europäischen Zander kann man der Abb. 82 entnehmen.

Das Fleisch des amerikanischen Zanders ist sehr fest, besonders schmackhaft und in krebsreichen Gewässern leicht hellrosa bis gelb gefärbt.

Interessante Verhaltensforschung

Amerikanische Experimente

An nordamerikanischen und kanadischen Seen wurden einige interessante wissenschaftliche Experimente zur näheren Erforschung des Verhaltens von Zandern gemacht. Für diese Untersuchungen versah man eine Reihe von Fischen mit kleinen Sendern, um ihren Weg über längere Zeiträume verfolgen und beobachten zu können.

Die Wissenschaftler in Übersee erhielten erstaunliche Ergebnisse, die bewiesen, daß die Zander sich entgegen europäischen Erfahrungen nur an den Scharkanten aufhielten, selten das Freiwasser aufsuchten und auch bei sehr sichtigen Wasserverhältnissen nicht den Lichtschutz der Tiefe suchten, sondern sich konsequent in einer Tiefe von 1,5 bis 10 m aufhielten.

Ein weiteres interessantes Untersuchungsergebnis brachte die Temperaturmessung mit Hilfe der Sender. Sie zeigte, daß sich die Zander fast ausschließlich in Gewässerteilen mit einer Wassertemperatur von etwa 11° C aufhielten. Der Aufenthalt in diesem engen Temperaturbereich war eindeutig. Die Temperaturen der ausgewählten nordamerikanischen Gewässer betrugen während der gesamten Versuchszeit vom Spätsommer bis zum Winter im Bereich zwischen Oberfläche und 10 m Tiefe ungefähr 14,7 bis 11° C. Im darunterliegenden Bereich ab 10 m bis zu einer Tiefe von 15 m lagen die Temperaturen zwischen 11 und 3,7° C.

Weiteren Untersuchungen zufolge ernährt sich der amerikanische Zander überwiegend von Jungbarschen. Jedenfalls wurde der Zander in Barschschwärmen besonders häufig angetroffen. Ein Beweis, daß auch Barsche eine Wassertemperatur von 11° C bevorzugen.

Bei ihren Laichwanderungen und später bei der Suche nach Winterrevieren legten die amerikanischen Zander zum Teil beträchtliche Entfernungen zurück. Außerdem waren die Fische in Nacht- und Dämmerungszeiten besonders aktiv. Zu diesen Tageszeiten hat also der Zanderangler die größten Erfolgsaussichten.

Die Aktivitäten der amerikanischen Zander decken sich mit denen unserer europäischen, denn auch hier entwickeln die Zander zu den gleichen Zeiten mehr Appetit. Übereinstimmung herrschte auch im erhöhten Nahrungsbedarf während der Monate Mai, Juni, Oktober, November und Dezember. Im Sommer sind Zander sowohl in Amerika als auch bei uns weniger aktiv und daher schlechter an die Angel zu bringen.

Sehr aufschlußreich waren die amerikanischen Untersuchungen auch hinsichtlich der Witterungseinflüsse auf die Standortveränderungen der Zander. Plötzlich einsetzender Sturm oder Regen und die damit verbundene Verdunkelung des Himmels brachten das Zandervolk recht stark in Bewegung, und zwar wiederum im Frühjahr und Herbst mehr als im Sommer. Überwiegend schwammen die Zander bei solchen Wetterlagen in Windrichtung, unabhängig von etwa im Wasser vorhandener Drift. Gerade hierauf reagieren aber andere Fischarten, wie z. B. die Weißfische, besonders stark. Zander bilden hier also eine Ausnahme.

Das wichtigste Untersuchungsergebnis für den europäischen Angler ist die Ermittlung der vom Zander bevorzugten Wassertemperatur und die damit zusammenhängende Wassertiefe.

Aus dieser Kenntnis heraus ist nun vielleicht besser zu verstehen, weshalb ein bekannt guter Zanderfangplatz manchmal für längere Zeit völlig uninteressant wird, weil er plötzlich keinen Fisch mehr hergibt. Wer Zander fangen will, muß also immer wieder aufs neue die Standplätze der Fische suchen. Temperaturmessungen zum Auffinden der günstigsten Wassertiefe können dabei eine Hilfe sein.

Zum Abschluß

Ein guter Zandertag

Eigentlich hatten wir alle den Mund ganz schön voll genommen. Mein zweitältester Sohn, weil er der Mutter für Freitag einen zweistelligen Zander versprach, und mein ältester Sohn, weil er seinem Chefkoch für eine besondere Fischzubereitung einen stattlichen Hecht im Gewicht von mindestens 7,5 kg angekündigt hatte, „den mein Vater Ihnen garantiert fängt". Ich selbst hatte dieses Vorhaben noch mit einem lässigen „das machen wir schon" unterstützt. Das konnte ja ziemlich heiter werden . . . !

Es war erst Montag, und wir hatten noch etwas Zeit. Kai versuchte schon den zweiten Abend, auf Zander zum Erfolg zu kommen. Am Mittwoch hatte er bereits so viele von ihnen verschlagen, daß er nicht nur mit den Nerven restlos am Ende war, sondern inzwischen auch mehr Zeit für das Köderfischangeln benötigte, als ihm zu seinem eigentlichen Vorhaben verblieb.

Ich selbst war auch nicht so recht zum Hechtangeln aufgelegt, dazu bissen die Schleie auf meiner Futterstelle zu gut. Ich konnte mich kaum noch davon trennen.

Am Donnerstag versuchte Kai, mich zum Mitkommen zu überreden. „Du kannst auch sämtliche Bisse anschlagen", sagte er, so scharf war er auf einen Zander. Endlich einmal wollte er von sich sagen können: „Den habe ich selbst gefangen", wenn der angekündigte Wochenendbesuch sich den schon lange versprochenen Zander munden ließ.

„Und was ist nun mit dem Hecht, den ich meinem Chef für Samstag zugesagt habe?", fragte mein Ältester. Ja, der Vater sollte es dann doch wieder machen. Und schon ruderten wir weg in Richtung Ziegelsee am Elbe-Trave-Kanal in Mölln. Kai hatte herrliche Ukeleis und Kaulbarsche im Fischkasten, und so lagen schon bald zwei Grundangeln und zwei Posenangeln im Wasser. An eine weitere Rute montierte ich den Geheimköder ‚Hering' als Fetzen. Das müßte genügen, zumal ja jeder nur drei Zander fangen durfte.

Mein Sohn Kai war immer sehr stolz, wenn ich gut fing, freute sich, wenn die Pose endlich zuckte, und stand schon mit dem Kescher bereit. Als endlich wirklich einer anbiß, gab ich ihm die Rute in die Hand und sagte: „Den schlägst du jetzt aber an!" Er aber wollte, daß ich selbst den Anhieb setzte.

Nachdem die Pose zunächst einen Kreis auf der Wasseroberfläche beschrieben hatte, tauchte sie plötzlich weg, und ich nahm Schnur auf. Als ich den Fisch spürte, riß ich auch schon die Rute nach oben, und als ich merkte, daß er hing, kam sofort ein zweiter Anschlag hinterher.

Nun bekam Kai die Rute und durfte den Fisch abdrillen. Mit Schwanzwurzelgriff brachte ich dann den 4 kg schweren Zander ins Boot. Schon 10 Minuten später bekam er Besuch von einem Artgenossen, und gleich darauf fing sich noch ein kleiner Hecht am Fetzenköder.

Inzwischen waren 50 Minuten vergangen, und ich hatte mein Soll erfüllt. Drei Raubfische waren erlaubt, und schließlich sind Bestimmungen dazu da, daß man sie einhält. Natürlich konnte uns niemand hindern, jetzt auf Aale weiterzuangeln. Sollte wirklich wieder ein Zander beißen, könnte man ihn entweder zurücksetzen oder gegen einen kleineren aus dem Fischkasten austauschen.

Ich hatte schon zwei Aale und Kai noch nicht einmal einen Biß. Er wartete geduldig auf seine Stunde, und sie kam. Ein Aal, so schien es, hatte seinen Fetzenköder genommen und zog Schnur ab. Als er den Anhieb setzte, schien der Fisch zunächst recht gut am Haken zu sitzen. Aber diese kräftigen Rucke in Richtung Boden zeigten dem Eingeweihten, daß hier kein Aal am Haken saß, sondern ein großer Zander um seine Freiheit kämpfte.

„Du, Vati, ich glaube, das ist ein Riesenzander", meinte Kai, und davon war inzwischen auch ich überzeugt. Es war kaum ein Meter Schnur zu gewinnen bei diesem Drill, bis plötzlich die Schnur locker wurde. Mir tat mein Junge leid, doch er trug es mit Fassung.

„Na, habt ihr Glück gehabt?", hörten wir Muttis Stimme in

Abb. 83. Ein guter Zandertag

dunkler Nacht fragen, als wir endlich am Steg wieder festmachten. „Ja, wir haben zwei schöne Zander, einen kleinen Hecht und zwei Aale." „Aber ich hatte einen Burschen an der Angel, dafür hätte Vati seine beiden glatt weggeworfen." Ich konnte seine Angaben nur bestätigen.

Am nächsten Tag kam ich vorerst nicht zum Angeln. Das Telefon klingelte kurz nach dem Mittagessen. Es war der Chef meines Sohnes, der sich geschickt in Erinnerung bringen wollte. „Wenn Sie mal einen Hecht sehen wollen, ich habe hier ein paar schöne Photos...!"

„Wenn es unbedingt sein muß, hole ich auch einen Esox vom Berufsfischer", sagte ich und freute mich über den aufkommenden leichten Wind, der Hechtzeit verhieß. Also besorgte ich mir bei Kai vier Köderfische. „Nimm sie mir nicht alle weg, du weißt, daß ich noch auf Zanderfang gehen will."

Als ich wenig später den ersten Wurf mit dem Köderfisch am System unter einen großen Weidenbaum praktizierte, ruderte Kai bereits vorbei und verschwand unter der nahegelegenen Brücke. Ich ahnte, wohin ihn sein Weg führen würde.

Mein zweiter Wurf mißlang. Er traf das gedachte Ziel nicht, sondern einen Hecht, der in Freßlaune war. Ein Prachtkerl schoß aus dem Wasser, fiel hochaufplanschend zurück und gebärdete sich wie toll. Er jagte unter das Boot, kam wieder zurück, ging in die Tiefe und war kaum zu bändigen. Ein Drill wie aus dem Bilderbuch. Und dann die Landung, wie immer ohne Kescher, denn ich bin abergläubisch. Sobald ich einen Kescher fangfertig hinlege, beißt mit Sicherheit kein Fisch mehr. Also wieder eine Landung mit Schwanzwurzelgriff, und schon lag ein schön gezeichneter 8-kg-Hecht im Boot.

Mit kräftigen Zügen ruderte ich zu einem Restaurant am See, der Lehrstelle meines Ältesten. Ob sein Chef wohl noch mit mir rechnete, oder ob er sich inzwischen anderweitig einen Hecht besorgt hatte? Ich gelte eigentlich als zuverlässig, jedenfalls beim Angeln.

„Na, haben Sie Glück gehabt?", fragte mich ein Gast draußen auf der Terrasse. Mein Sohn schien mein Lächeln durch das Terrassenfenster hindurch schon richtig gedeutet zu haben. „Chef, er hat ihn! Mein Vater steht draußen mit einem Hecht." Natürlich wurde der Fisch dankbar angenommen.

Dann ruderte ich heimwärts, mit stolzgeschwellter Brust. Ein so großer Fisch mit vorherigem Ansagen! Das ist schon eine tolle Sache, besonders natürlich für einen Angelbuchautor. Man will den Anglern ja nicht nur schöne Geschichten in seinen Büchern erzählen, sondern in der Praxis auch beweisen, daß die beschriebenen Methoden einen realen Hintergrund haben.

Restlos glücklich, aber ein wenig müde, saß ich wenig später mit meiner Frau vor dem Fernseher, als gegen 22 Uhr mit gewaltigem Gepolter die Wohnungstür aufflog und zwei herrliche Zander von mehr als 5 kg je Stück vor uns auf den Teppich flogen.

„Der schöne Teppich", rief meine Frau. Doch was sind schon ein paar Flecken auf dem Teppich gegen einen so herrlichen Fang. „Und ohne Kescher, Papi! Das war einfach eine Wucht, zwei Bisse, zwei Zander, das hättest du sehen müssen."

Da habe ich mich mit meinem Filius gefreut, jeder Angler wird das nachfühlen können. Von meinem großen Hecht mochte ich gar nicht mehr berichten, um seine Freude nicht zu schmälern. Aber meine Frau sagte es doch. Kai aber quittierte die Nachricht nur mit einem „Na ja, Glück gehabt." Für ihn zählte heute nur der eigene Erfolg, und das war auch richtig so.

Mit Echolot und Lockfutter auf Zanderpirsch

„Es ist einfach unglaublich, was in letzter Zeit an Zanderbesatzfischen bestellt wird, ich kann mit der Belieferung kaum noch nachkommen." So äußerte sich unlängst ein Berufsfischer an einem großen süddeutschen Stausee. In seiner Hälteranlage schwammen die schönsten Fische vieler Arten, und allmählich begann es in meinen Händen beängstigend zu jucken ...

„Sie haben Zander im Gewässer?" fragte ich ungläubig, denn das Wasser schien mir dafür doch ein wenig zu klar. „Und was für welche, das glauben nicht einmal die Einheimischen hier. Aber vielleicht sind sie auch mit dem Fang von Zandern noch nicht so vertraut. Wollen Sie es hier einmal versuchen?" sagte er, wobei er mich fragend ansah.

Natürlich wollte ich, denn ich kannte das Gewässer noch von meiner Schulzeit her. Dort, wo jetzt das Wasser war, stand damals noch ein herrlicher Wald, durch den wir lange Spaziergänge machten. Auf einem kleinen Hügel wuchsen seinerzeit viele Steinpilze. Dieser Hügel mußte jetzt, nach dem Aufstau, etwa 500 m von der Staumauer entfernt sein.

„Sagen Sie mir bitte nicht, wo die Zander stehen, ich möchte das selbst herausbekommen", bat ich meinen Gastgeber. Schnell war das Gerät aus dem Kofferraum des Wagens geholt, und auch ein Echolot wurde eingepackt. Blamieren wollte ich mich nicht, und deshalb steht auch immer eine 12-V-Batterie geladen neben meiner Gerätekiste. Ein zusätzliches Kabel von der Lichtmaschine fängt die überschüssige Energie ab und leitet sie zur zweiten Batterie. Das erspart ein Ladegerät.

Das alte Holzboot war schon bald bestens ausgerüstet. Köderfischprobleme gab es nicht, denn die Fischkästen und der Gefrierraum des Fischers enthielten alles, was ein Zanderangler benötigt.

Mit kräftigen Ruderschlägen steuerte ich das Boot in Richtung Westen zu meinem ‚Steinpilzhügel'. Das Echolot zeichnete unermüdlich die Konturen des Untergrundes, und plötzlich tauchte auch mein noch mit alten Baumwurzeln durchsetzter Hügel auf.

Unangenehmer Nieselregen machte sich breit, es wurde kalt. Aber von der langen Autofahrt und dem Rudern müde geworden, war ich plötzlich zu faul, die wärmende Steppjacke aus dem Rucksack zu kramen.

Mir fehlte ein Partner zur Unterhaltung, so ein richtiger Optimist, der mich mit Sprüchen wie „Richtiges Zanderwetter heute" oder „Da werden wir gleich nicht dagegen anschlagen können" wieder munter machte.

Es wurde nun Zeit, einen Behälter mit Lockfutter hinunterzulassen, um die Kleinfische munter zu machen. Die Zander kommen dann schon hinterher. Schnell war ein durchlochtes Filmdöschen vor das Blei der Posenangel montiert, und damit die Pose nicht unterging, wurde sie mit zwei zusätzlichen Pilotkorken schwimmfähiger gemacht.

Ich ließ dann einen schon fast toten Ukelei bis etwa 40 cm über Grund hinab und beobachtete mein Echolot. Es zeigte schon bald eine Ansammlung von Kleinfischen um den Futterbehälter herum an. Was doch ein wenig Paniermehl, mit getrockneten Stubenfliegen durchsetzt, manchmal für eine Wirkung hat.

Die Augen hingen am Echolot, die Kleinfische wurden weniger. Wahrscheinlich war der Futterbehälter inzwischen leer. Ich zog die Angel hoch. Tatsächlich, kein Futter mehr im Behälter! Also auf ein neues. Bald waren meine silbernen Freunde wieder da. Es macht schon Spaß, dies alles von oben beobachten zu können.

Es dämmerte, und immer noch kein Fisch. Ein Zander müßte doch jetzt beißen, oder sollte ich besser morgen früh ...? Da rumpelte es plötzlich hinter mir. Im Bug des Bootes war die Grundangel aus ihrer Halterung gefallen.

Als ich die Rute aufnahm und wieder in die Halterung zurücklegen wollte, prüfte ich vorher noch einmal den freien Lauf der Schnur und zog deshalb ein wenig daran. Irgend jemand weiter unten schien aber etwas dagegen zu haben. Energisch wurde mein Zug an der Schnur erwidert, und sofort wußte ich, was nun zu tun war. Schon zuckte mein Anschlag durch die Rute, und ich spürte, daß er saß. Nun aber aufwärts mit ihm, denn das Wurzelwerk am Boden war mir doch zu gefährlich.

Es folgten zwei starke Fluchten, eine davon besonders schnell. Eine Forelle? Oder ein Hecht? Oder womöglich doch ein Zander? Ich hatte mich nicht getäuscht. Der Fetzenköder an der Grundangel brachte einen strammen 6-kg-Zander ins Boot. Der war sicher nicht allein, also einen neuen Fetzenköder montiert und wieder zum Boden hinabgelassen.

Diesmal wollte ich die Rute im Auge behalten und packte daher mein Echolot in die Tasche. Ich war inzwischen hellwach, und das war auch notwendig, denn schon zog die Pose in die Tiefe. Langsam nahm ich Fühlung mit dem Fisch auf und setzte den Anhieb. Auch dieser Zander saß fest am Haken und erhöhte das Gesamtfanggewicht auf 10 kg.

Weitermachen? Aber klar, wo doch Beißzeit war. Also einen neuen Köderfisch aus dem Eimer suchen. Ich mußte mich dazu umdrehen und sah dabei die Leuchtzeichen aus der Richtung des

Fischerhauses. Das war eindeutig. Ich packte die Geräte ein, legte beide Zander stolz in den Bug des Bootes, zog den Anker auf und setzte mich vergnüglich rudernd in Bewegung.

Bei der Ankunft am Häuschen stand der Fischer schon bereit. „Bei Dunkelheit wird es gefährlich", sagte er und richtete den Strahl seiner Taschenlampe suchend ins Boot. Als er die Fische sah, sagte er nur „Glückwunsch, großartig!", weiter nichts. Dann begutachtete er mein Gerät, wunderte sich über die dünnen Schnüre und lud mich zum Abendbrot ein. Es gab dann noch einen langen schönen Abend, und Zander wurden später auch von anderen Anglern dort immer häufiger gefangen.

Anhang

Die größten Zander eines Jahres

Mit welchen Burschen man es beim Zanderangeln gelegentlich zu tun bekommen kann, beweist eine Zusammenstellung von gemeldeten Fischen des Jahres 1983:

10,760 kg aus der Raab in Österreich
10,000 kg aus dem Rheinhafen Wörth
9,700 kg aus dem Bongsieler Kanal
9,400 kg aus dem Düsseldorfer Hafen
9,300 kg aus dem Kiessee Doktor 1, Rinteln
9,250 kg aus der Donau bei Vilshofen
9,000 kg aus dem Langer Teich bei Lemgo
8,650 kg aus einem Baggersee bei Hannover
8,500 kg aus Blaues Wasser, Wieden/Österreich
8,350 kg aus dem Grönegausee
8,200 kg aus dem Rhein bei Ludwigshafen
7,750 kg Offenwarder Teiche
7,250 kg aus dem Edersee
7,200 kg aus dem Schäferweiher
7,000 kg aus einem Baggersee bei Kalletal-Stemmen

Als Köder wurden Lauben, Rotfedern, Rotaugen und Brassen benutzt. Ein kapitaler Zander ging sogar auf Maden.

Sachregister

Bücher für Angler

Rudolf Sack
Biß auf Biß
Erfolge mit meinen Angelmethoden.
6., verbesserte Auflage (42.–61. Tausend). 1981. 115 Seiten mit 54 Einzeldarstellungen in 41 Abbildungen und 7 Farbabbildungen auf 4 Tafeln.
Laminiert 22,– DM

Rudolf Sack
Große Fänge
Ein Wegweiser für den Angelerfolg in Fluß, See und Meer. 3., neubearbeitete Auflage. 1983. 122 Seiten mit 61 Einzeldarstellungen in 43 Textabbildungen und 1 Tafel. Laminiert 28,– DM

Dieter Schicker
Aalangeln
mit allen Schikanen. 1981. 135 Seiten mit 132 Einzeldarstellungen in 28 Abbildungen, 52 Fotos und 1 Ködertabelle.
Kartoniert 26,– DM

Dieter Schicker
Barschangeln
Ein Leitfaden für das Angeln von Barschen in allen Gewässern. 1979. 94 Seiten mit 144 Einzeldarstellungen in 58 Abbildungen im Text und auf 8 Tafeln. Kartoniert 19,80 DM

Rudolf Sack
Karpfenfang
Wegweiser zum Angelerfolg. 2., verbesserte Auflage. 1982. 85 Seiten mit 70 Einzeldarstellungen in 46 Textabbildungen und 1 Farbtafel.
Laminiert 22,– DM

Horst Hrubesch/Dieter Schicker
Dorschangeln
vom Boot und an den Küsten. 1980. 128 Seiten mit 87 Einzeldarstellungen in 53 Textabbildungen und 58 Fotos auf 16 Tafeln. Kartoniert 25,– DM

Rudolf Sack
Hochseeangeln
Ein Fangbuch für große und kleine Meeresfische. 1980. 94 Seiten mit 73 Abbildungen, davon 12 farbig, im Text und auf 16 Tafeln. Laminiert 38,– DM

Dieter Schicker
Winterangeln
von November bis April. 2. Auflage. 1984. 121 Seiten mit 135 Einzeldarstellungen in 59 Zeichnungen. Kartoniert 26,80 DM.

Rudolf Loebell/Dieter Schicker
So fängt man Aale
1979. 120 Seiten mit 19 Abbildungen. Kartoniert 12,– DM

Rudolf Loebell/Dieter Schicker
So fängt man Seefische
3., neubearbeitete und erweiterte Auflage. 1978. 115 Seiten mit 54 Abbildungen. Kartoniert 12,– DM

Dieter Schicker
So fängt man Zander
Ein „Fisch und Fang"-Angelbuch. 2. Auflage. 1984. 80 Seiten mit 27 Abbildungen. Kartoniert 12,– DM

Otto Wentzlau
So fängt es an ...
Eine erste Anleitung für junge Angler. 9., neubearbeitete Auflage (56.–80. Tausend). 1983. 115 Seiten mit 133 Einzeldarstellungen, davon 24 farbig, in 41 Textabbildungen und auf 9 Tafeln. Kartoniert 19,80 DM

Max von dem Borne/Wolfgang Quint
Die Angelfischerei
Begründet von Max von dem Borne. 16., neubearbeitete und erweiterte Auflage. Unter Mitwirkung zahlreicher Mitarbeiter hrsg. von W. Quint. 1981. 362 Seiten mit 425 Einzeldarstellungen in 282 Textabbildungen, 42 Tafeln mit 120 Abbildungen, davon 70 farbig. Balacron gebunden 48,– DM

Preisstand: Sommer 1984
Änderungen vorbehalten

**Verlagsbuchhandlung
Paul Parey**
Spitalerstraße 12
2000 Hamburg 1

Bücher für Angler

John Norman
Die hohe Schule des Angelns
Mit Englands Meisterfischern am
Wasser auf Aal, Barbe, Barsch, Blei,
Döbel, Hecht, Karpfen, Rotauge und
Schleie. Aus dem Englischen über-
tragen und bearbeitet von M. Grüne-
feld. 6. Auflage, neubearbeitet von
G. Peinemann. 1980. 153 Seiten mit
33 Abbildungen im Text und auf
4 Tafeln. Laminiert 24,– DM

Colin Willock (Hrsg.)
Das Große ABC des Fischens
Ein Lehrbuch für das Angeln auf Süß-
wasser- und Meeresfische. Aus dem
Englischen übertragen, bearbeitet und
erweitert von H. G. Jentsch. 5. Auflage
(43.–57. Tausend), bearbeitet und
ergänzt von G. Peinemann. 1982.
298 Seiten mit 225 Abbildungen, davon
40 farbig, im Text und auf 8 Farbtafeln.
Balacron gebunden 36,– DM

Martin Grünefeld
Der sportgerechte Angler
Kurzleitfaden für die Sportfischerprüfung und für die Praxis der
Sportfischerei einschließlich Turnier-
sport. 9. Auflage (71.–90. Tausend),
neubearbeitet und erweitert von
A. Hutterer-Niedereder. 1979.
114 Seiten mit 164 Abbildungen,
davon 64 farbig, im Text und auf
4 Tafeln. Kartoniert 13,80 DM

Georg Peinemann
Abenteuer Angeln
Tiere beobachten, Wandern,
Räuchern, Pilzesuchen und andere
Naturfreuden. Mit „Fisch und Fang"-
Schule für Spinnangler. 1984. 109 Sei-
ten mit 45 Zeichnungen von J. Prchal
und E. Staub: 12 Tafeln mit 33 Ab-
bildungen, davon 21 farbig.
Laminiert 26,– DM

Ekkehard Wiederholz
Anglertricks
Ein Bildband mit über 200 Finessen
erfolgreicher Sportfischer. 3., bear-
beitete Auflage. 1980. 141 Seiten
mit 287 Fotos und 19 Zeichnungen.
Laminiert 24,80 DM

Roland Fiedler/Rolf Maring/
Bernd Steffen
Fang kapitaler Friedfische
Erfahrungen, Tips und Anregungen der
„Specimen Hunting Group Dortmund".
1984. 143 Seiten mit 76 Abbildungen,
davon 42 Fotos. Laminiert 36,– DM

Wallfred Brümmer
Wo fängt man in Deutschland?
Ein „Fisch und Fang"-Angelführer.
6., völlig neubearbeitete Auflage von
H. Denke. 1984. 285 Seiten mit
20 Gewässerkarten und 1 Monats-
Wetterübersicht. Kartoniert 38,– DM

Edmund Rehbronn/Franz Rutkowski
Das Räuchern von Fischen
Ein Leitfaden für Hobbyköche, Sport-
und Berufsfischer, Fischzüchter, für
Gastwirte und Gastgeber. 4. Auflage
(48.–77. Tausend), neu bearbeitet von
F. Jahn. 1983. 115 Seiten mit 47 Textabbildungen und 14 farbigen Abbildungen auf 8 Tafeln. Kartoniert 19,80 DM

Anneliese Chemnitz
Vom Blauen Aal zum Kalten Zander
Ein vergnügliches Fischkochbuch mit
allerlei Kniffen. 2., neubearbeitete
und ergänzte Auflage. 1980. 168 Seiten
mit 59 Abbildungen im Text und auf
12 Fototafeln. Laminiert 24,80 DM

Fisch und Fang
Eine Zeitschrift für Angler und alle
Freunde des Fischwassers.
Chefredakteur: G. Peinemann,
Redakteur: R. Hennig. Monatlich er-
scheint ein reich und farbig illustriertes
Heft im Format DIN A 4. Im Jahres-
abonnement (1984) 60,– DM inkl. Ver-
sandkosten (Inland). Kostenloses
Probeheft auf Anforderung.

Preisstand: Sommer 1984
Änderungen vorbehalten

**Verlagsbuchhandlung
Paul Parey**
**Spitalerstraße 12
2000 Hamburg 1**